오래된 거짓 그리고 숨겨진 진실

오래된
거짓말

김주호 지음

자유정신사

통합사유철학 세 번째 축, 삶 속 '인식'에 관한 구체적 고찰

오래된 거짓말

김주호 지음

자유정신사

통합사유철학 세 번째 축, 삶 속 '인식'에 관한 구체적 고찰

오래된 거짓말

I 장. 사랑에 대한 거짓말

Ⅱ장. 자유에 대한 거짓말

Ⅲ장. 정의, 도덕에 대한 거짓말

Ⅳ장. 국가, 권력, 부, 명예에 대한 거짓말

V장. 신에 대한 거짓말

Ⅵ장. 존재에 대한 거짓말

Ⅶ장. 진리에 대한 거짓말

Ⅷ장. 평등에 대한 거짓말

Ⅸ장. 죽음에 대한 거짓말

오래된 거짓말

서론, 그것은 진실인가, 거짓인가?

지금 우리가 사는 삶은 도대체 진실인가, 거짓인가. 어느 눈부신 아침, 갑자기 알려 주지는 않을 것이니, 한 걸음 한 걸음, 거짓을 밝히고 진실을 향해 걸어갈 수밖에 없다. 사랑, 자유, 정의, 도덕, 국가, 권력, 부, 명예, 신, 존재, 진리, 평등, 죽음에 대한 거짓말을 찾는다. 숨어 있어 잘 보이지 않고, 누군가의 의도에 의해 깊이 위장되고 감추어진 것들이다.

거짓말을 알았다고 해서 진실을 안 것은 아니다. 하지만 거짓말을 모르면 영원히 진실을 밝히지 못할 것이다. 거짓말의 공통점은 의도가 숨겨져 있다는 것이다. 그 의도가 통용되기 위해서는 우리 모두가 공범일 수 있다. 거짓말이 진실의 가면을 쓰고 우리 [반인식(反認識)] 속으로 깊이 스며들기 전에, 이제 거짓말을 깨뜨리기 위한 준비를 시작한다. 오후의 따뜻한 햇볕은 모든 것을 드러내어 줄 것이다.

진실 속 슬픔과 불행은 우리 모두 조용히 인내할 것이다. 진실 속에서는 슬픔과 기쁨, 불행과 행복은 반드시 균형을 이루고 있다. 그러나 우리 슬픔과 불행이 많은 부분, 거짓말 때문이라면 그것을 밝혀야 하지 않겠는가? 거짓말 속, 회색 동굴을 벗어나 초록빛 밝음과 경쾌함 속에서 평온하기를 조용히 바란다.

김주호

영화는 대부분 거짓투성이지만 편안하고 재미있다.
그 편안과 재미는 우리가 그것이 거짓이라는 것을 알기 때문에 가능하다.
우리 삶도 다르지 않다.
우리, 삶의 거짓을 조망해서, 삶을 한 편의 영화로 만들기 바란다.

I 장. 사랑에 대한 거짓말

어느 하루 저녁 생각한 것 이상

우리 삶에서 더 이상 알 것이 없을 수도 있다.

- 즐거운 여름밤 서늘한 바람이 알려주는 것들, p341 -

우리는 왜 사랑하지 못 하는가

너무 향기로운 물은 향수로 밖에는 쓸 일이 없다.

- 즐거운 여름밤 서늘한 바람이 알려주는 것들, p69 -

1. 사랑의 가치는 무엇인가

사랑의 제 1 가치는 생을 아름답게 한다는 것이다.
사랑을 통해 우리 인생 최고점에 도달할 것이다.

우리는 사랑을 너무 과장한다.
사랑하지 않으면 아름답지 못할 것이라는 생각을 오랫동안 버리지 못한다.
시인들의 오래된 거짓말이다.

사랑은 삶을 아름답게 하기보다는, 지금 우리 삶 모두를 만든다.
그는 우리를 악하게도 선하게도 변화시키고
생을 장식하고 또 망가뜨린다.

사랑은 아름다운 다색(多色)의 저녁놀 속 하늘이 아니라,
태양이 중천에 뜬 아무렇지도 않은 보통 하늘이다.

평범하고 소박한 모습으로, 남들에 비하면 조금 초라할 수도 있는 모습에서
깊은 사랑의 색조가 보인다.
[평범하고 소박함]이야말로 사랑의 조건이고 결과이다.
[우리 일상을 유지시킴]이 사랑의 최고 선물이고 가치이다.
산정의 상쾌함, 생의 화려함은 오래가기 어렵다.

사랑이 아름답기 위해서는 희생해야 할 것이 너무 많다. 우리 생 전체가 그렇게 한가할 수는 없다.

우리는 왜 사랑하지 못 하는가

2. 사랑은 열정적이어야 하는가

사랑은 열정 속에서 비로소 꽃피는 것이다.
이것이 사랑을 비로소 사랑답게 만든다.

열정이 식으면 봄날 벚꽃 떨어지듯 사랑도 떨어진다.
열정이 식어 가는 것을 보면서 사랑의 허무를 확신하기도 한다.
이것이 사랑을 타락시켰다. 오인이었다.

사랑은 의외로 침착해야 한다.
급히 달리다 보면, 보아야 할 것도 볼 수 없고, 오래 달릴 수도 없다.
숨이 차올라 그의 모습을 천천히, 제대로 볼 수도 없고
새로운 매력을 발견할 기회도 잃어버린다.

사랑은 여름 아침 안개처럼 차분해야 한다.
그것을 위해 지킬 것이 많기 때문이다.

사랑을 지키기 위해 조금 천천히 달릴 수밖에 없음은
우리는 몇 번의 실패 뒤에야 겨우 알 수 있다.

사랑을 열정적으로 할지, 나누어서 할지는 개인 취향의 문제이다. 그러나 우리 생이 짧지 않은 것은 사실이다.

우리는 왜 사랑하지 못 하는가

3. 사랑의 묘약은 어디에 있는가

사랑의 묘약은 운명의 신을 만나, 우연히 받는 것이다.
그것이 우리를 설레게 한다.

그를 만나기 위해 많은 곳을 여행하고,
그녀를 만나기 위해 많은 시간을 탐험한다.
그런데 결국 묘약은 구할 수 없다.
오래된 거짓말이다.

사랑의 묘약은 의외로 내 낡은 주머니 속에 있다.
누군가에 의해 사랑이 탄생할 것으로 생각해,
그들을 찾기 위해 헤매지만, 허사이다.
사랑은 그들과 무관하게
자신을 고귀하게 하기 위한 노력이 모여 사랑으로 탄생한다.

사랑의 묘약은 사랑스러운 사람과의 운명적 만남이 아니라,
자신을 조금씩 더 사랑스럽게 하는 것이다.

이렇게, 사람들이 조금씩 내 곁에 모여들고
그 속에는 사랑의 눈길도 포함되어 있을 것이다.

사랑은 찾아가는 것보다, 찾아오게 하는 것이 쉽다.

우리는 왜 사랑하지 못 하는가

4. 사랑은 진리를 달성하게 하는가

사랑의 목표는 [자유]이다.
이것이 우리를 자랑스럽게 한다.

오랜 후에는 [평등]이라고 생각했고
우리는 굉장히 오만해졌다.
무언가 오인이었다.

사랑의 목표는 생존이다.
자유와 평등을 사랑으로 이룰 수 있다고 생각하고
오랜 시간 방황한다.

사랑은 생존을 위한 본능일 뿐이다.
그것으로 충분하다.

사랑만으로 무언가 이룰 수 있다고 오인하지 않는 것이 좋다.
소중한 것을 얻기 위해서는 사랑이 아닌
투쟁과 쟁취가 필요한 경우가 더 많다.
사랑으로 인해 나태해져서는 안 된다.
사랑은 우리가 살아 있을 수 있게 하는 것으로, 그 역할은 충분하다.
작다고 생각할 수도 있고, 반대이기도 하다.

사랑의 길과 진리의 길은 별개이다. 어느 한 길만 가서는 곤란하다.

우리는 왜 사랑하지 못 하는가

5. 비밀은 사랑을 깨뜨리는가

사랑하는 사람들 사이의 비밀은 사랑을 약화시킨다.
그 비밀이 벽으로 작용하기 때문이다.

모든 것을 드러내도, 그 약점까지 이해해 주는 사람만이
자신을 깊이 사랑하는 사람이라고 시인들은 말한다.
하지만, 그렇게는 누구에게도 사랑받을 수도, 누구를 사랑할 수도 없다.
거짓이었다.

사랑은 [비밀투성이]이어야 한다.
상대방을 현혹하여 마음을 빼앗지 않으면
사랑은 모래시계 속 모래처럼 사라져 간다.
비밀이 드러나면 붉은빛 환상은 깨지고
지루한 시계 소리가 들리기 시작한다.

사랑한다면 비밀을 끝까지 깨지 말아야 한다.
오히려 자신만의 비밀을 더욱 만드는 것이 좋다.

비밀은 거짓말이 아니다.
비밀은 자신의 최대 매력이다.

사랑의 시작은 호기심, 사랑의 유지는 비밀로부터이다.

우리는 왜 사랑하지 못 하는가

6. 사랑은 공유하는 것인가

사랑은 호감을 공유하고, 생각을 공유한다.
그리고 삶마저 공유하는 것이다.

그러나 실제 삶에서는 어림없는 일이다.
아무리 노력해도 어느 것 하나, 공유되는 것은 별로 없다.
오래된 거짓말이다.

우리 모두, 조금 시간이 흐르면
서로 다른 사람들이 비슷한 감정, 생각, 방식을 가지는 것은
처음부터 불가능하다는 것을 알게 된다.
혼자만의 감미로운 꿈일 뿐이다.

**사랑은 서로 비슷하게 되는 것이 아니라
서로 다름을 완전히 인정하게 되는 과정이다.**

이를 알지 못하면, 실패를 겪지 않을 수 없다.
사랑은 억지 공유가 아니라, 두 존재의 공존이다.

타자와 영혼까지 공유하려는 것은 서로를 힘들게 하는 착각이다.

우리는 왜 사랑하지 못 하는가

7. 사랑은 오랫동안 지속될 수 있는가

사랑은 우리 노력에 따라, 오랫동안 지속될 수 있다.
연인이 변하고 세상이 변해서 방법이 없을 뿐이다.

사랑의 소멸은 반 정도는 상대 변화에 기인하고
나머지는 내 변화에 기인한다. 누구 탓할 것 없다.
우리는 변화할 수밖에 없고
만일 그렇다면, 사랑은 소멸할 수밖에 없음을 인정해야 한다.
영원한 사랑은 거짓이다.

어느 즐거운 여름밤 서늘한 바람은
우리는 [변화하지 않는 그 무엇]을 사랑해야 한다고 알려 준다.

순수, 열정, 선함, 감성, 성실, 정직, 정다움.
변화하지 않는 사랑의 대상은 충분히 많다.

이런 것들이라면, 오랫동안 누군가를 사랑할 수 있다.
외적 아름다움은 그 지속 기간이 몇 년을 넘기기 어렵다.
누구나 예외 없이, 여러 가지 가장과 치장을 벗기면
생각보다 별것 아니기 때문이다.

외형적 사랑은 젊은 시절 몫이다. 그때는 그것밖에 가진 것이 없으니 할 수 없다.

우리는 왜 사랑하지 못 하는가

8. 사랑의 기술은 무엇인가

**사랑의 기술은 단지 끊임없이 주는 것이다.
그것은 상대를 이해하고 그에 따라 행동함을 뜻한다.**

그러나 어떤 경우에도, 이 기술로는 사랑에 성공할 수 없다.
우리는 그렇게 오랫동안 희생적이기 어렵다.
거짓이다.

사랑의 기술은 일방적 희생이 아니다.
사랑에는 희생을 바탕으로 한, 어떤 기술도 통용되지 않는다.
사랑은 고독 속에서 비로소 잉태된다.

**사랑의 기술은 [타자를 생각하는 기술]이 아니라
[자신을 생각하는 기술]이다.**

고독하지 않은 자는
자신을 사랑할 시간이 없어, 사랑을 갖지 못한다.
상대가 그의 희생을 아깝게 생각하지 않을 정도로
자신을 향상시키는 것이 유일한 사랑의 기술이다.

우리는 받는 것을 좋아하지만, 의외로 주는 것도 꽤 좋아한다. 그래서 줄 만한 상대를 항상 찾는다.

우리는 왜 사랑하지 못 하는가

9. 사랑은 조건이 필요 없는가

사랑은 조건 없는 것이다.
조건이 있다면 거래이다.

그러나 우리는 실제 그럴 수 없다.
이기심을 자책하고, 순수하지 못함에 비관한다.
숭고하고 순수한 사랑을 열망하지만, 결국 찾을 수 없다.
거짓이기 때문이다.

사랑은 상대의 요구 조건을 서로 수용하는 것이며 또 양보하는 과정이다.
우리는 부모로부터의 조건 없는 자애를 사랑의 본질로 착각하기 쉽다.

사랑은 100가지 조건이 필요하고
그것을 지켜가는 과정이다.

처음 만남에, 사랑이 무조건적인 것처럼 느껴지는 이유는
서로 바라는 것이 많은 부분, 일치하기 때문이다.
이 일치감은 시간과 더불어 해소되고, 불일치가 시작된다.
이때, 서로 바라는 조건이 드디어 드러난다.
이때가 수용과 양보를 통한 진정한 사랑이 시작되는 시점이다.

작은 물건 하나 사는데도 거래 조건이 필요하다. 사랑은 인생 최대의 거래이다.

우리는 왜 사랑하지 못 하는가

10. 사랑은 아름다워야 하는가

사랑의 대상이 되려면 아름다움이 필요하다.
우리가 아름다워 지려는 이유이다.

사랑받기 위해서는 우리를 아름답게 만들어 가야 한다.
아름다움이 사라지는 순간을 두려워하면서.
선함도 아름답게 해 줄 것이라는 생각으로 대부분 위장되어 있다.
만일 그렇다면 사랑은 젊음에 국한할 것이다. 오래된 거짓이다.

사랑과 아름다움은 별로 관계없다.
사랑은 함께할 사람과 우리를 묶기 위한 심리적 도구이다.
함께 즐거워할 수 없다면, 그가 아무리 아름다워도 사랑을 느낄 수 없으며
아름답지 못한 자도 함께 즐거워하는 자라면 사랑스럽다.

사랑의 대상은 나에게 직접 즐거움을 주는 자이다.
사랑에 아름다움은 그렇게 중요하지 않다.

우리에게 필요한 것은
즐거움을 줄 수 있는 자가 되기 위한 노력이다.
선함도 즐거움을 전제로 할 때만 사랑에 직접 관여한다.
너무 아름다워지려고 노력할 필요 없다.

외적 아름다움은 너무 주관적이다. 게다가 오래가지도 않는다. 사랑의 조건으로 자격 상실이다.

28

우리는 왜 사랑하지 못 하는가

11. 사랑은 주는 것인가

사랑은 주는 것이 가치 있다고 생각하지 않을 수 없다.
우리 모두, 그것이 도덕적이라고 생각하기 때문이다.

그러나 그것은 사랑받는 것을 갈망하는 위선자들이 퍼뜨린 소문이다.
아니면 자애로움과 사랑을 구분하지 못하는 사람들의 착각이다.
모두 거짓이다.

사랑은 방향성이 없다. 주는 것도 아니고 받는 것도 아니다.
아무 방향성 없는 무풍지대에서 사랑은 존재한다.
모정과 부정은 자애이다. 사랑과 자애가 혼동되어 우리를 어지럽힌다.
일방적인 사랑은 거의 드물고, 오래가지 않는다.
그것을 원한다면, 일생 한 번도 사랑해 보지 못할 것이다.

**가능하다면, 사랑하는 사람과 주려고도 받으려고도 않는
무방향적 사랑을 찾는 모험을 지속하는 것이 좋다.**

우리는 그의 [존재함]만으로 행복한, 그런 사랑을 경험했던가.
새로운 만남은 걱정할 것 없다.
그런 사랑은 극적 만남을 통해서만이 아닌
지금까지 아무렇지도 않았던 사람과도 가능하다.

우리는 주어도 불편하고 받아도 불편하다. 주면 받고 싶고, 받으면 돌려주어야 문제없다.

나는 왜 사랑하지 못 하였는가

12. 사랑은 어떤 향기가 나는가

사랑에 빠지면 삶은 달콤한 향으로 가득하다.
그 향이 우리 모두를 행복하게 해줄 것이다.

우리는 영화 속 주인공처럼 행동하려 하나, 대부분 실패한다.
향기는 곧 느껴지지 않고, 그때 사랑이 사라진 것으로 오인한다.
착각이다.

상쾌한 공기가 아무런 향기 없듯이,
오래 있어도 아무 느낌 없듯이,
그리고 그가 아무런 대가도 바라지 않는 것처럼,
사랑은 그렇게 존재한다.

사랑은 순수한 무향이다.
만일 향기가 지속된다면 곧 두통을 일으킬 것이다.

사랑의 향기가 사라지면, 사랑이 약해진 것이 아니라
오히려 그의 본래 모습을 드러내는 것이다.
꾸밈은 처음 눈길을 사로잡을 수는 있으나
그것이 강할수록 두꺼운 벽으로 작용할 것이다.
무향이 느껴질 때까지, 서로를 위해 사랑을 너무 쉽게 시작하지 않는 것이 좋다.

사랑의 공통분모는 순수함이다. 순수함에 어울리는 향은 무향뿐이다. 편하기도 하다.

우리는 왜 사랑하지 못 하는가

13. 사랑은 시간과 함께 쇠퇴하는가

사랑은 대부분, 젊음에 국한한다.
사랑의 조건이 젊음에 모여있기 때문이다.

시간에 따라 사랑이 약해져 감을 운명으로 받아들인다.
이것이 사랑을 요절시킨다.
이에 따라 삶의 가치도 줄어드는 것 같아 초조하다.
거짓이었고, 미숙함이었다.

사랑은 젊음이 지나 시드는 것이 아니라,
게으름에 시든다.

**사랑은 하루하루 새롭게 발견한 아름다운 모습을 떠오르게 하고
매일, 숨겨진 그의 매력에 가슴 뛴다.**

이렇듯, 숨겨져 드러나지 않았던
자신의 매력을 보여주는 것에 열심이어야 하며,
죽음의 순간까지 새로운 매력을 만들고
그것을 발하려 노력해야 한다.

부지런하면 많은 것을 가질 수 있다. 사랑도 예외는 아니다.

우리는 왜 사랑하지 못 하는가

14. 사랑을 위한 주의사항은 무엇인가

사랑은 우리를 감성적으로 만든다.
이성은 사랑을 싸늘하게 할 것이다.

사랑의 감정 속에서, 이성(理性)으로부터 벗어나려고 노력했고
사랑을 일상에서의 일탈로서 생각하려 했다.
이성이 찾아들면 사랑이 나에게서 멀어질 것을 두려워했다.
터무니없는 착각, 거짓을 믿었다.

이성과 감성이 다르지 않음을 알기 위해, 시간이 조금 걸린다.
둘은 우리 [생각의 구조] 속, 서로 다른 양태일 뿐이다.
감성과 이성은 똑같이 가슴 뛰게 하고, 똑같이 냉정하게 한다.

감성 속에서 사랑에 흥분하고, 이성 속에서 사랑에 열광한다.
사랑을 위한 주의사항은 [사랑을 감성 상태라고만 생각하는 것]이다.

이렇게, 사랑은 우리 삶 속, 감성이라는 별개의 세상이 아니라,
우리가 사는 모든 세상에 공평하게 녹아 있다.

사랑이 만일 감성이 지배하는 특성이었다면, 우리 세상에서 사랑은 벌써 사라졌을 것이다.

우리는 왜 사랑하지 못 하는가

15. 사랑은 그렇게 즐거운 것인가

사랑은 우리를 가장 즐겁게 해 주는 것이다.
죽는 순간 그것밖에 생각나지 않을 것이다.

그런데 아무리 노력해도, 그 즐거움은 오래가지 않았다.
거짓이었고 오해이다.

사랑의 즐거움은 내가 아닌, 그가 즐거워함에 있다.
내 즐거움은 샘이 얕은 우물 같아 쉽게 마르고
타자의 즐거움은 바다와 같이 무한하다.

내 즐거움을 탐하느라,
그물 속을 빠져나가는 사랑의 미풍을 모두 놓쳐 버린다.

그때 이미 우리는 거의 모든 것을 잃는다.
그렇게 어려운 것도 아닌데,
그것을 알기 위해 시간이 적지 않게 흘러간다.

타자의 즐거움에서 느끼는 기쁨이 내 즐거움에서 느끼는 기쁨보다 그 숫자 면에서 훨씬 가능성이 높다.

우리는 왜 사랑하지 못 하는가

16. 사랑의 제 1 규칙은 무엇인가

사랑의 규칙은 보통, 크게 3가지이다.
[항상 상대를 존중할 것], [슬픔과 기쁨을 나눌 것], [꿈과 희망을 같이 할 것].
이를 지킬 자신이 없으면, 시작하지 않은 것이 좋다.

처음은 가능할 것으로 생각했으나, 도대체 이 규칙은 쉽게 지킬 수 없었다.
많은 책에서 이를 가르치지만, 사실, 거짓이었다.

항상 상대를 존중하기 어렵다.
슬픔과 기쁨의 기준이 서로 달라, 같이 나누기 쉽지 않으며,
꿈과 희망이 일치하지 않아, 그것을 같이 하는 것은 처음부터 불가능한 일이다.
그것은 사랑의 규칙이 아니라 성인(聖人)이 되기 위한 규칙이었을지도 모른다.
우리는 그렇게 할 수 있는 능력도 없다.
인간적 이기심, 두려움, 탐욕은 그것을 허락하지 않는다.
사랑의 규칙을 지킬 수 없음에 괴로워하고, 노력해 보지만,
시간이 흐를수록 자신만의 삶을 드러내려는 욕망은 이를 더욱 어렵게 한다.

**사랑의 규칙은 그가 나를 계속 사랑할 수 있도록,
그가 처음 사랑했던 나를 가능한 최대로 유지하는 것이다.**

사랑은 도덕이나 철학이 아니다.
규칙은 단순함이 틀림없다.
쉽지는 않겠지만, 이것 하나로 충분하다.

사랑을 위한 규칙을 행복을 위한 규칙과 혼동하면 둘 다 잃기 쉽다. 사랑과 행복은 별개의 문제이다.

우리는 왜 사랑하지 못 하는가

17. 사랑은 징표를 남기는가

사랑은 그 징표를 남긴다.
사랑의 증거는 명백하다.

그 증거를 찾아 헤매었고, 그 증거로 때로는 만족했지만 대부분 절망했다.
증거로써 판단하는 사랑은 매우 변덕스러운 것으로 생각할 수밖에 없다.
오래된 거짓이다.

깊은 사랑은 그 징표를 남기는 경우도 있지만,
대부분은 매우 비밀스럽다.
사랑은 드러나지 않으며, 그것을 알 수 있는 방법도 없다.
우리는 잘 모르지만, 세상은 우리를 사랑하는 사람들로 가득하다.
그들은 증거를 거의 남기지 않는다.

사랑의 징표를 남기는 것은 보상받기를 원하기 때문이다.
그렇지 않은 마음이면 그런 것 필요 없다.

사랑이 깊고 절대적이면
그 증거를 줄 필요도, 받을 이유도 없다.

사랑하는지의 증거를 원하게 되면, 이미 사랑의 시기는 지났다고 생각하면 된다. 사랑은 보통, 증거투성이다.

우리는 왜 사랑하지 못 하는가

18. 사랑은 편안한 것인가

사랑은 편안한 상태다.
불편하다면 사랑할 수 없다.

평온해짐.
우리는 그런 사랑을 찾아 헤매지만, 그런 것은 없다.
가슴 두근거림이 사라지고 편안해지는 순간, 사랑은 사라진다.
편안함은 거짓이다.

사랑은 편안할 수 있는 것이 아니다.
편안한 것은 자신을 일방적으로 사랑하는
부모와 같은 대상에게서나 가능한 일이다.
어느 순간, 한 사람이 편안해지면
이미 그 사랑의 열정이 식은 상태이다.

온통 상대의 마음을 빼앗기 위한 노력으로,
불편하고 흥분된 상태가 사랑이다.

그런 불편한 것을 감수하는 인내와 노력만이
사랑을 유지할 수 있는 유일한 길이다.

편안함은 자신을 사랑한다는 확신 때문에 생기는 것이다. 그 외의 이유는 거짓이다.

우리는 왜 사랑하지 못 하는가

19. 사랑은 희생을 전제로 하는가

희생한다는 생각이 든다면 사랑이 아니다.
우리는 조건없는 사랑의 환상을 버릴 수 없다.

[대가를 바란다]면 이미 사랑이 아니다.
그러나 자기 희생에 대한 [대가의 바림] 또한 강력하다.
이 평행선은 좀처럼 줄어들지 않는다.
모두, 오해 또는 거짓이다.

희생과 바람이 없는 사랑은 없다.
시인들과 소설가들의 이야기일 뿐, 사랑은 그렇게 이타적이지 않다.

사랑을 이루어 가기 위해서는
서로 말 없는 희생의 교환이 전제이다.
그 균형이 무너지면 사랑도 무너진다.

상대의 희생이 깊으면 내 희생도 늘려가고
상대의 희생이 옅으면, 나도 그에 맞추는 것이 사랑을 위해 유익하다.
우리는 그렇게 마음이 너그럽지 않기 때문이다.

우리는 상대가 성인이 아니라 보통 사람이라는 것을 자꾸 잊어버린다. 보통 자신이 해주는 것의 몇 배를 원한다.

우리는 왜 사랑하지 못 하는가

20. 사랑은 감성인가 이성인가

사랑은 이성과 논리로 설명할 수 없다.
누구도 그 떨림과 그 흥분을 설명할 수 없다.

사랑을 감성 작용으로 생각하는 것은 의심의 여지가 없다.
그러나 감성은 너무 쉽게 변해, 감성만으로 사랑을 유지할 수 없다.
심각한 오류이다.

물론, 감성은 사랑을 장식하는 데 중요하고, 도움이 된다.
그러나 우리가 가진 가장 감성적, 이성적 능력의 총 집합체가 사랑이다.

**사랑을 만들고, 오랫동안 지키고 이루어 가려면,
이성적이고 논리적으로 생각하고, 또 행동해야 한다.**

사랑은 이성으로 오랫동안 하나씩 만들어 가는 것이며
이를 위해서 끊임없는 생각과 인내함, 행동이 필요하다.
이는 보통, 감성만으로 장식된 사랑의
허무적 모순을 발견한 후에야 겨우 알게 된다.

사랑은 감성을 원하지만, 세상은 이성을 원한다. 사랑도 결국 세상의 법칙을 따라야 한다.

우리는 왜 사랑하지 못 하는가

II장. 자유에 대한 거짓말

내가 [나]를 보지 못하는 이유는 타자에게 잘 보이려
[나]를 너무 치장하기 때문이다. 화장이 너무 두껍다.
- 즐거운 여름밤 서늘한 바람이 알려주는 것들, p 85 -

우리는 왜 자유롭지 못한가

삶에 편안함이 깃들게 하지 말라.
편안함은 마음으로 충분하다.
- 존재 [나]에 대하여, p107 -

21. 우리는 진정으로 자유로울 수 있는가

자유는 우리에게 행함을 허락한다.
그것을 할지 말지는 우리에게 달려 있다.

그래서 자유를 찾아 헤매고, 자유를 갈망한다.
이에 대해 조금도 의심하지 않는다. 그러나 우리는 결국 자유롭지 않다.
오류이거나 거짓말이다.

자유가 주는 것은 자유라고 할 수 없을 정도로 제한적이다.
우리의 자유는 억압의 반대일 뿐이다.
억압을 벗어나는데 열심이었던 우리는, 자유를 사용하는 법을 잘 알지 못한다.

자유로운 주변의 모든 것에는 눈길을 주지 않고
우리는 억압에만 눈을 돌린다.

마치 물을 구하려고, 계곡 물을 옆에 두고 비를 기다리는 것처럼.
우리가 원하는 자유를 위해 [꼭 필요한 것들]이 너무 많다.
하지만, 자유의 자유로움이 큰 파도처럼 밀려오는 것은
매우 특별한 조건, 선택된 자에게만 제한된 것은 절대 아니다.
우리 모두, 실망할 것 없다.

자유, 별것 아니다. 하고 싶은 대로 한다고 그렇게 대단할 것도 없다. 단지 사역으로부터의 도피가 대부분이다.

우리는 왜 자유롭지 못한가

22. 자유는 투쟁하여 얻을 수 있는 것인가

자유는 투쟁을 통해서만 쟁취할 수 있다.
아무리 생각해도 다른 방법이 별로 없다.

너무도 많은 사람이 그렇게 말해 왔다. 투쟁하고 또 투쟁한다. 자유를 위해.
그런데 누군가가 얻은 만큼, 누군가는 그것을 빼앗긴다. 모두 너무 이기적이다.
사람들이 가지는 자유의 총합은 결국 크게 다르지 않다.
무언가, 오류 또는 거짓말이다.

상대도 자유롭게 하면서, 나를 자유롭게 해야 진정한 자유이다.
내가 자유로워도, 상대가 상처받아 자유롭지 못하면 자유의 의미가 반감한다.
아직 젊은 시절에는 이기심과 자유를 구분하기 어렵다.

진정한 자유를 위해서는, 투쟁하는 것이 아니라,
새로운 자유를 발견하고, 더욱 좋게는, 자신만의 것을 만드는 것이다.

이는 억압하려는 자를 무력화 시키는 최고의 방법이기도 하다.
권력자나 재력가의 가장 껄끄러운 상대는 자신이 가진 그것에 무관심한 자들이다.
우리가 이것을 조금 일찍 안다면, 삶을 다르게 변화시킬 수도 있을 것이다.

독재와 억압은 용서할 수 없다. 그러나 문제는 그 이후에도 있다. 그렇다고 더 행복해지지는 않는다.

우리는 왜 자유롭지 못한가

23. 자유를 위해 필요한 것은 무엇인가

자유의 정도는 힘과 비례한다.
권력에의 의지에 대한 이유이다.

권력, 재력, 명예가 자유를 줄 것으로 생각한다.
그러나 아무리 노력해도 얻는 것과 잃는 것이 거의 비슷하다.
권력, 재력, 명예는 그것 자체가 목적이자 결과일 뿐이다.
그것들로 자유까지 얻으려는 것은 욕심이고, 그럴듯한 거짓말이다.

자유를 얻으려면 사실, 아무것도 없어야 한다.
자유는 힘과 멀어져야 한다. 자유와 권력을 연결하려는 것은 헛된 위세이다.
권력이 자유를 구속하는데 그 속에서 자유로울 수는 없다.
사랑, 권력, 명예. 우리가 소중하다고 생각하는 것이 생길수록 자유는 멀어져 간다.

자유는 힘으로 쟁취하는 것이 아니라,
타자와 함께 나누어 증대시키는 것이다.

얻으려는 그리고 얻은 소중한 것들에 오히려 자유로울 때만,
즉, 타자와 공유할 마음의 여유가 있을 때만,
비로소 자유로울 수 있음을 오랫동안 쉽게 알 수 없다.

새가 날 수 있는 것은 무겁지 않기 때문이다.

우리는 왜 자유롭지 못한가

24. 우리는 자유에 도달할 수 있는가

시간이 지나고 나이가 들수록,
경험과 지식이 우리를 자유롭게 해 줄 것이다.

그러나 경험과 지식은 아무런 도움도 되지 않는다. 부자유 상태도 변함없다.
자유를 향한 힘든 여정이 오히려 자유를 빼앗는 셈이다.
현재 자신을 설득하고 위로하기 위한 거짓이다.

자유는 우주를 구성하는 무한 표면에 펼쳐져 있어,
한 가지 자유로워지면 반대편에서 멀어질 수밖에 없다.
너무 멀리 있어서, 작은 자유의 성취는 별로 의미도 없다.
지금 아무것도 없다고 생각할 때나, 지금 최고의 순간이라고 생각할 때나,
자유는 크게 다르지 않다.

결국, 자유는 황금을 찾아 헤매는 것이 아니라,
지금 주머니 속에 가득 있는 것을 사용하는 것이다.

상심과 절망 속에 있을 때, 꽤 유익한 지식인데,
누구도 쉽게 알려주지 않고, 또 혹시 듣는다고 해도 모른 척한다.
자유를 찾아다니는 한, 자유에 도달할 수는 없다.

자유의 정도는 무한히 확장한다. 그곳에 영원히 도달하지 못하는 이유이다. 그런데 사실 그곳에 갈 필요 없다.

우리는 왜 자유롭지 못한가

25. 자유로워 지려고 하는 이유는 무엇인가

모두, 오랫동안 자유를 추구했다.
자유가 행복을 줄 것으로 확신했기 때문이다.

우리는 지금 자유롭지 못해 불행하다고 생각한다. 자유를 향하는 것은 필연이다.
그러나 아무리 노력해도 자유와 행복은 잘 연결되지 않는다.
철학자들의 오래된 거짓말이다.

억압으로부터 탈출하려는 소극적 자유 단계가 지나고
자유가 개인적이며 적극적 자유 단계로 넘어가면
자유의 목표는 어느새 [나태함]으로 변화한다.
적극적 자유의 부재는 많은 사람의 삶이 증명한다.
우리는 적극적 자유를 성취하는 방법을 잘 알지 못한다.

자기중심적 삶 속에는 어디에도 자유란 없다.
그것을 얻으려고 할수록 더욱 멀어진다.

어렵지만 자유를 얻을 수 있는 유일한 방법이 있는데,
그것은 내 자유를 포기하고, 타자에게 자유를 부여하는 것이다.
자유란 타자를 통해 비로소 얻을 수 있는 것임을 보통, 너무 늦게 알게 된다.

자유의 목적도 역시 행복이다. 내 주위 열 사람만 자유롭다면, 나는 그들과 함께 행복할 것이다.

우리는 왜 자유롭지 못한가

26. 자유란 무엇인가

자유는 외부적인 구속이나 무엇에 얽매이지 않고
하고 싶은 것을 자기 마음대로 할 수 있는 상태이다.

그러나 이것은 비정상적 최고 권력자만 겨우 가능한 일이다.
이 자유에 대한 사전적 정의는 모두를 권력과 재력에 욕심을 내도록 만든다.
심각한 거짓말이다.

자유에 대하여 조금씩 알기 시작하면
어느 순간, 자유의 의미가 갑자기 작아진다.

**자유란 외부적인 구속이나 얽매임에 원인하는 것에
저항하는 것이 가능한 상태일 뿐이다.**

[자기 마음대로] 할 수 없으며, 그렇게 해서도 안 된다.
자유란 진리에 속해 있어서 모두에게 평등해야 한다.
평등이 깨지면 개인적 자유는 새로운 악의적 억압의 탄생일 뿐이다.
그러므로 자유가 악의적 억압이 되지 않도록
철저한 타인에 대한 배려가 필요하다.
그러나 우리 마음속 이기심은 이를 의도적으로 회피한다.
우리가 자유를 쉽게 이룰 수 없는 이유이다.

진리는 자유로 인도하지만, 자유는 진리로 인도하지 않는다. 둘을 동급으로 생각하면 곤란하다.

우리는 왜 자유롭지 못한가

27. 자유를 위한 희생양은 누구인가

자유를 위해서는 어느 정도 희생이 필요하다.
억압의 해소를 위해 자유인은 희생을 각오해야 한다.

그러나 모두를 위해 자유를 찾는 자가 희생해야 한다는 것은 있을 수 없는 일이다.
주객이 전도된 거짓이다.

물론, 희생되어야 할 자들은 억압자 쪽이다.
자유를 위한 희생은 억압자 중심의 소극적 생각이다.
빈틈없이 준비하여 그들을 철저히 응징해야 한다.
그리고 억압에 대항하기 위한 희생이 과연 자유를 위한 것이었는지,
억압에 대한 단순한 자기방어적 소극적 저항이었는지도 다시 생각해야 한다.

**자유를 위한 저항은 누구도 막지 못하는 대의를 가지고 치열히 준비하여,
억압의 싹이 크지 못하도록 억압자를 철저히 파괴해야 한다.**

그렇지 않으면 자유를 오랫동안 잃어버린다.
자유를 위해 어떤 희생도 따르지 않도록 해야 한다.
우리 마음속, 두려움이 자라지 않도록.

자유를 위한 저항은 억압자가 다시 일어설 수 없도록 철저히 진행해야 한다. 잘못하면 추가 억압의 빌미가 된다.

우리는 왜 자유롭지 못한가

28. 우리는 자유롭고 또 편안한가

자유인은 걱정 없이 편안하고 행복한 자이다.
그리고 중요한 것은 우리 모두, 의지(意志)한다면 자유인이 될 수 있다는 것이다.

하지만 우리 생, 대부분은 그렇지 못하다.
앞으로도 오랫동안 그렇지 못할 것이다.
오래된 거짓이다.

자유에 편안함과 행복을 연결하는 것은
스무 살 시절의 잠깐으로 충분하다.
자유는 모험과 투쟁 상태이다.
자유는 자유이고 편안함은 편안함이다.
우리는 둘을 연결시켜, 오류의 근원을 만들 필요 없다.

**편안함을 원한다면 자유를 포기하고
작은 방에서 조용히 편안함을 만끽하면 될 것이다.**

편안하면 대부분, 자유롭지 않다.
불편한 모험과 계속된 투쟁만이 우리를 자유롭게 할 것이다.

자유는 정신적 상태이다. 육체적 자유는 나태일 뿐이다.

우리는 왜 자유롭지 못한가

29. 자유는 어디까지 해줄 수 있는가

자유는 무엇이든 어느 정도는 가능하게 해줄 것이다.
우리가 자유를 추구하는 이유이다.

그러나 자유로워도 아무것도 달라질 것은 없다.
아침저녁 자유로워도 배고픔은 달라지지 않는다.
거짓이다.

자유는 가능성일 뿐이다.
가능성이 우리 삶을 실제로 변화시켜 주지는 않는다.
자유가 중요하지만, 실제로는 아무것도 해주지 않는다.
이것은 그것이 별로 필요하지 않게 되어서야, 비로소 알게 된다.

**자유가 무엇이든 해줄 것이라는 오해가
우리를 자유롭지 못한 것으로 오인, 절망케 한다.**

자유는 가능성일 뿐이다.
그 이상 바라지 않으면 자유는 최고의 선물이고
그 이상을 바라면 자유는 어느새 억압으로 작용한다.

자유는 아무 것도 해주지 않는다. 자유로워도 아무 것도 얻을 수 없다. 그래서 자유와 먹을 것을 바꾸는 것이다.

우리는 왜 자유롭지 못한가

30. 우리는 언제 자유로운가

자유를 위한 시간은 현재 중심이다.
우리는 현재에 최선을 다해야 한다.

과거는 고정되어 있고, 미래는 우리 영역이 아니다.
그러나 현재 아무리 자유로워도 우리 미래 삶은 자유로울 수 없다.
모순적 오류이다.

우리 삶 대부분은 과거와 미래이다.
현재는 너무 짧다. 우리가 자유롭지 못한 이유이다.
과거에 자유롭기 위해서는 [과거를 창조하기 위해] 현재를 구속해야 하고
미래에 자유롭기 위해서는 [미래를 창조하기 위해] 현재의 자유를 제한해야 한다.

우리는 존재하지도 않는 과거와 미래의 자유를 위해
현재를 희생하는 부자유적 존재일 뿐이다.

실제 우리는 과거와 미래의 자유를 위한 존재이다.
그러나 만일 과거와 미래를 고려하지 않는다면, 훨씬 더 자유로울 수 있다.
그러나 유감스럽게도, 우리는 과거에 대한 후회와
미래에 대한 두려움에서 쉽게 벗어나기 어렵다.
우리 현재 자유는 너무 미약하다.
과거와 미래의 사슬 속에서는 자유로울 수 없다.

부자유를 선택하는 자유가 우리의 최대 자유이다.

우리는 왜 자유롭지 못한가

31. 자유로울 수 있는 조건은 무엇인가

자유의 선율은 기쁨과 설렘을 가진다.
소년이 새로운 것을 시작할 때의 두근거림 같다.

그러나 어떤 일인지, 자유는 오래 지속되지 않는다.
잠깐 보이다가 사라지는 목마름 속, 사막의 신기루처럼.
그 설렘의 지속은 거짓이다.

자유에는 선율이 없다. 그것을 상상할 뿐이다.
자유는 슬픔을 선택하기도 하고, 기쁨을 선택하기도 한다.

자유의 모습은 희망과 절망, 기쁨과 슬픔,
모든 것을 포함하는 빛처럼 투명하다.
물론 이는 진리의 특성이다.

자유는 희망, 절망, 기쁨, 슬픔, 평온, 분노, 긍정, 부정, 모든 것을 포함한다.
우리는 이중 절망, 슬픔, 분노, 부정의 상태를 자유로부터 멀어진 상태로 생각한다.
자유 속에 있으면서도 자유롭지 못하다고 느끼는 이유이다.
최악의 절망과 슬픔 상태에서도 우리는 충분히 자유롭다.
자유로울 수 있는 조건 같은 것은 없다.

자유를 위한 준비에 시간을 너무 끌면, 결국 죽음을 위한 준비가 된다. 준비 잘하려다 젊음이 다 간다.

우리는 왜 자유롭지 못한가

32. 자유로운 시기는 언제인가

자유의 시기는 여러 이유로 대부분 젊음에 국한한다.
시간의 쇠퇴와 함께 사라질 짧은 자유를 초조히 바라본다.

그러나 시간이 지나도, 그 의미와 열정은 변화하지 않을 수도 있다.
젊음과 자유, 둘은 무관하다. 다행스러운 착각이다.

우리가 자유롭지 못한 것은
젊음이 지나서가 아니라, 젊음이 지나면서 커지는 두려움 때문이다.
젊음의 특징이 새로운 것에 대한 시작의 시기이듯이
그것을 잃지 않으면 자유는 변치 않는다.

**젊음의 자유로움을 위해 오랫동안 준비했던 것처럼
새로운 곳으로 항해를 시작하려면
언제나 어느 정도는 인고의 준비가 필요하다.**

두려움의 시작은 준비 부족에 기인한다.
죽음의 순간까지, 새로운 여정을 위한 준비를 계속하는 것이
자유를 잃지 않은 유일한 방법이다.
죽음의 여정도 준비하면 조금은 자유롭다.

집 떠나면 고생이다. 그래도 좀 덜 고생하려면 조금은 준비해야 한다. 고생하느라 경치 볼 시간이 없기 때문이다.

우리는 왜 자유롭지 못한가

33. 우리는 자유에 대하여 무엇을 배우는가

우리는 자유롭기 위한 방법에 대하여 어쩌면 충분히 교육한다.
자유는 우리 교육 대부분의 숨겨진 목표이다.

그런데 아무리 생각해도, 우리는 자유가 무언인지 잘 알 수 없다.
그리고 자유를 가지고 무엇을 해야 하는지도 잘 알 수 없다.
자유에 대하여, 우리 교육과 역사는 대부분 거짓이다.

자유에 대한 교육은 매우 제한적이다. 핵심은 모두 피해 간다.
그리고 그것을 원치 않는 자들도 적지 않다.
타의에 의해 자신의 것을 잃고 싶지 않기 때문이다.
나누는 것에 인색한 자본주의의 탐욕과 어리석음이 세상을 어지럽힌다.

어떤 자유는 더 힘 있는 자가 일부 양보해야 공유 가능하다.
만일, 그들이 그렇게 하지 않는다면 정당하게 쟁취해야 한다.

우리는 타자에게 자유를 부여해 줌으로써,
비로소 의미 있는 [자유 상태]에 도달할 수 있다.
집단 대부분이 이를 정확히 인식하지 못하면, 자유에 가까이 접근할 수 없다.
[자유 상태]는 소수, 자유의 선도자만으로는 불가능한 일이다.
우리가 시간이 좀 더 필요한 이유이다.

우리가 궁금한 것은 자유를 어떻게 써야 하는지 인데, 우리의 교육은 자유롭기 위한 편법만을 가르친다.

우리는 왜 자유롭지 못한가

34. 우리는 항상 자유로울 수 있는가

자유는 바람과 같아서 우리 주변 어디든지 동행한다.
볼 수는 없지만, 우리 곁에서 지켜 보고, 도와준다.

그러나 자유는 그 모습을 잘 드러내지 않는다.
처음부터 없었을지도 모른다.
오래된 거짓이다.

자유는 우리 곁, 어디에도 없다.
그는 험난한 계곡을 지나 저편, 설산 너머에 숨어 있다.
너무 험난한 길이라, 우리는 그것을 찾으러 갈 수조차 없다.
이렇게, 우리는 모두 자유롭지 못한 운명이다.
그러나 계곡 깊숙이 자유가 숨어 있다는 사실만으로 우리는 충분히 위로받는다.
우리가 준비만 되면, 그는 우리에게 그 서늘한 바람을 보내 준다.

자유는 세심하게 준비한 자에게만 존재하는 결과물이다.
보통, 우리가 자유롭지 못한 이유이다.

어느 날 아침, 눈을 떴을 때
자유로울 수는 없는 일이다.

부자유와 자유의 적절한 균형이 평균적 자유를 극대화 시킨다. 그 균형이 깨지면 자유는 감소한다.

우리는 왜 자유롭지 못한가

35. 이제, 자유의 억압 시대는 지나갔는가

우리는 오랫동안 독재자에 의해 억압되었던 시기를 부끄러워한다.
그러나 그 압제의 시기가 지났어도, 상황은 그렇게 좋지 않다.

자유의 투사들이 우리에게 자유를 유산으로 주지는 못한다.
자유는 물려줄 수 있는 것이 아니기 때문이다. 방심해서는 안 된다.
단언컨대, 현재가 자유의 시대라는 것은 아직 거짓이다.

독재자에 의해 억압된 자유는 일부일 뿐이다.
자유는 집단 속에 묻혀 있는 지극히 개인적인 것이다.
압제에 대항해서 얻은 자유는 또 다른 압제로 다시 대체 억압될 뿐이다.

우리가 속한 집단 모든 개개인의
자유를 향한 열망과 인식이 함께 진화하지 않은 한,
자유 상태 변화는 거의 없다.

억압자 몇 사람 제거되었다고 자유롭다 착각하면 곤란하다.
자유는 철저한 투쟁에 의한 쟁취와 함께
시골 노인의 소박하고 주름진 얼굴과 도시 골목 너머 소년의 가슴까지
우리 모두가 가지는 [생각의 힘]으로 완성되는 통합 가치이다.
우리가 아직은 자유롭지 못한 이유이다.

억압, 독재를 벗어나면 가난이 드러난다. 자유는 비슷해졌는데 가진 것은 비슷하지 않기 때문이다.

우리는 왜 자유롭지 못한가

36. 자유는 무엇을 주는가

자유는 그래도 행복한 미래를 약속한다.
아무리 찾으려 해도 자유 말고 다른 방법이 없다.

그러나 오히려 행복한 미래는 [부자유에 대한 인내]를 통해 약속받는다.
무엇이 옳은 것인지조차 모른 채, 오랜 시간을 보낼 수밖에 없다.
결국, 거짓이다.

자유는 미래를 위해 아무런 약속도 해주지 않는다.
그럴 능력도 없다.

**자유가 주는 것은 행복이 아니라
[존재의 깨어 있음]뿐이다.**

이것 이외의 것은 대부분, 오해이다.
[존재의 깨어 있음]은 아무것도 주지 않지만, 모든 것을 주기도 한다.
이는 어떤 새로운 압제자도 억압할 수 없는 것이며
누구도 알 수 없는 자신만의 가슴 속, 붉게 빛나는 구슬이다.
모든 것을 다 잃어도, 잔혹한 세상 속에서도,
이것만 있으면, 세상은 아름다움으로 가득하다.

사랑의 약속이 사랑을 주지는 않는다. 자유도 동일하다. 아무것도 주지 않지만, 우리 생을 결정한다.

우리는 왜 자유롭지 못한가

37. 자유에 도달하는 비밀의 문은 있는가

자유에 도달하기 위해서는 숨겨진 비밀 정원을 지나야 한다.
물론, 아무나 갈 수 있는 곳은 아니다.

그 정원에서 비밀 열쇠를 발견한 자만이
자유의 세계로 통하는 문을 통과하리라 생각할 수밖에 없다.
자유로운 자가 거의 눈에 띄지 않기 때문이다.
그러나 이것은 거짓 동화이다.

우리 주변에 자유로운 자는 거의 없다.
모두, 자신의 자유롭지 못했던 이야기로
눈물 흘릴 준비가 되어 있는 사람뿐이다.
도대체 자유로운 자는 모두, 어디 숨어 있는가.
자유의 정원에 도달한 자들은 아무도 없는가.
어떤 날, 보랏빛 주홍으로 유혹하는 남서쪽 노을은 이렇게 말하는 듯하다.

끝없는 우주도 법칙과 질서 속에 움직인다.
인간이 억압적 질서 속에 움직이는 것은 크게 이상할 것 없다.
자유로운 자는 신뿐이다.

그래도 우리는 죽음의 순간까지 자유를 찾을 것이다.
자유란 찾아 모험하는 것이다. 그뿐이다.

자유로운 자는 거의 없어도 자유로움을 찾는 자는 가끔 눈에 띈다. 전자는 신이고 후자는 인간이다.

우리는 왜 자유롭지 못한가

38. 우리는 자유를 누릴만한가

자유에는 당연히 제약 조건이 있다.
선한 자와 악한 자에게 같은 자유를 부여할 수는 없다.

이는 성실한 자와 나태한 자에게 같은 자유를 부여해서는 안 되는 것과 같다.
이렇게, 선과 성실함이 자유의 조건이다.
그러나 바로잡아야 하는 오류를 포함한다.

선한 자는 이미 그에 대한 자유를 보장받고 있으며
악한 자는 이미 스스로 자유를 제한받고 있다.
자유는 우리가 부여할 수 있는 것이 아니다.
신의 영역을 침범해서는 안 된다.
우리가 할 수 있는 것은 범죄자를 격리하는 것으로 충분하다.

**자신의 태생적 강점과 우월한 지위를 이용해
약자의 자유를 억압하는 것은 범죄이다.**

선한 자와 성실한 자는 그렇게 태어난 자신에 대한 보답으로
조금 악하게 태어난 약자를 가능한 도와야 한다.
이것이 우리가 모두 자유를 가질 수 있는 필요조건이다.
우리는 모두, 언젠가 반드시 약자가 될 것이기 때문이다.

우리가 얼마나 자유를 누릴 만한지 여부는 우리가 타자를 얼마나 자유롭게 해주는지 여부로 판명된다.

우리는 왜 자유롭지 못한가

39. 자유, 우리가 부끄러워해야 할 것은 무엇인가

지금 스스로 선택할 수 없음은 수치이다.
하지만 조금 더 노력하면 선택의 능력을 가질 수 있다는 것은 큰 위안이다.

그러나 시간이 지나고, 좀 더 많은 것을 알게 될수록
스스로 선택할 수 있는 것들은 더욱 줄어들어 간다.
거짓이다.

선택할 수 없는 상황에서 [선택할 수 없음]은 누구의 탓도 아니지만
[선택하지 않음]은 오랫동안 수치스럽게 생각해야 한다.
우리 삶은 [선택하지 않음] 쪽이 훨씬 많다.

자유에의 수치는 선택할 수 없음이 아니라, 선택하지 않음이다.
선택할 수 있는 것을 하는 데만도 시간이 부족하다.
선택할 수 없음을 불평하고 있을 시간이 별로 없다.

시간이 지나, 삶을 책임져야 할 상황이 커지게 되면
[선택할 수 없음]의 상황이 더 많아진다.
이런 이유로, 젊음은 몇 가지 되지 않는 반대급부적 이점을 가질 수 있다.
그러나 [선택하지 않음]으로, 비난받을 위험성도 커짐을 잊지 말 일이다.

자유는 선택할 수 있는 상태이다. 보통 젊음을 정점으로 포물선을 그린다. 물론, 그렇지 않은 경우도 충분히 많다.

우리는 왜 자유롭지 못한가

40. 우리, 정말 자유를 원하는가

이렇게 우리는 자유를 갈망한다.
그리고 자유를 찾는 여정은 계속될 것이다.

그러나 그 갈망 속에서도, 자유는 잘 보이지 않는다.
혹시, 우리가 자유를 찾고 있는 것은 그것을 피하기 위해서인가.
알 수 없는 역설 또는 위선일 수도 있다.

우리 삶의 여정이 자유를 피해 다닌 것 아닌가 의심해 봐야 한다.
자유라고 생각되는 것이 위험해 보여, 비겁하게 피해 왔던 것은 아닌가.
알 수 없는 미래의 신기루를 위해,
자유를 회피하고, 부자유와 억압의 바닷속으로 자신을 몰고 있는 것 아닌가.
대륙 속, 야수와 굶주림이 두려워, 감히 배에서 내릴 용기조차 없는 것 아닌가.

지금 작은 통나무 배를 준비하여 대륙을 향해 뛰어들어야 한다.
바닷속에 있으면 어차피 큰 폭풍으로 오래지 않아 배는 난파할 것이다.

난파는 시간문제다. 지금 뛰어들어야 한다.
자유 회피를 위한 위선 속에 숨어 있을 시간이 없다.
자유를 원한다면, 보여야 하는 첫 번째 증거는 위선에 대한 열정으로부터의 탈출이다.

노예는 자유를 원하지 않는다. 단지 사역을 피하고 싶을 뿐이다. 그가 자유로우려면 위험한 모험을 해야 한다.

우리는 왜 자유롭지 못한가

Ⅲ장. 정의, 도덕에 대한 거짓말

타자(他者)는 나를 이해하려는 자가 아니라

나로부터 이익을 얻으려는 자이다.

- 즐거운 여름밤 서늘한 바람이 알려주는 것들, p 355 -

우리는 왜 정의롭지 못한가
우리는 왜 도덕적이지 못한가

주변 사람들로부터 호평을 받으려면
자신을 조금 어리석게 비하시키는 방법 이외에는 다른 방법이 별로 없다.
- 존재 [나]에 대하여, p109 -

41. 정의는 누구를 위해 존재하는가

정의는 선(善)을 통해 모습을 드러낸다.
사람들은 정의를 통해 선해질 것이다.

다수를 위한, 때로는 개인을 위한 생각과 행동이 정의이다.
그러나 사람들이 정의를 통해 선해지지는 않는다.
모두 거짓이다.

인간 역사에서 정의란 없다.
대부분, 그럴듯한 사기만 있을 뿐이다.

정의는 그럴듯한 명분과 철학으로 위장하려는 [권력 도구]일 뿐이다.
적어도 지금까지의 인간 역사에서는 대부분 그렇다.

하루아침에 권력의 이익에 따라 정의는 무너져 내린다.
그러나 권력의 하녀로서 정의는 그 생명력이 매우 강하다.
이제 정의는 권력을 제어하는 [권력의 제왕]이 되었다.
정의는 권력에 야욕이 있는 자를 조종하는 최고의 권력자로서 계승되고 있다.
지금까지 인간 역사 속 정의라면, 우리는 정의로워서는 안 된다.
너무 이기적이기 때문이다.
정의를 말하는 자는 신뢰하기 어렵다.

우리 인간이 정의를 말하는 것은 어울리지 않는다. 신이 들으면 웃을 일이다.

우리는 왜 정의롭지 못한가

42. 정의는 무엇을 할 수 있는가

정의는 올바른 선택을 하도록 우리를 인도할 것이다.
그 선택은 나를 포함한 다수에게 이익이 될 것이다.

마치 우리가 그럴 능력이 있는 줄 알았다.
정의는 신의 것이지 인간의 것이 아니다.
오래된 거짓과 오인이었다.

우리가 정의롭다는 것은 오만이다.
우리는 자신의 이익 이외에
타자의 이익을 염두에 둘 수 있을 만큼 도덕적이지 않다.

**우리는 어찌하다 정의를 겨우 알 수는 있겠지만
그것을 행동으로 옮길 수 있는 능력도 용기도 없다.**

정의는 목적대로
다수의 이익을 위한 지식을 우리에게 알려 주었지만
우리 삶을 향상시키는 데는 실패했다.
그것을 행동으로 연결해 주는 결정적 [의지]가 정립되어 있지 않아서
실제로 아무 소용이 없었기 때문이다.
정의는 [의지]의 문제이다.
이는 우리 소중한 지식과 철학이 삶에 이익을 주지 못하고 무력해지는 이유와 동일하다.

정의는 무력하기는 하지만 우리에게 멈칫하도록 한다. 그것만으로도 다행인지 모른다.

우리는 왜 정의롭지 못한가

43. 우리는 정말로 정의롭게 될 수 있는가

존재 [나]는 정의의 주체이다.
정의를 타자에게 맡길 수는 없다.

그런데 머릿속에는 정의와 반(反)정의가 싸우고 있어
정의의 편에 설지, 반정의 편에 설지 계산한다.
안타까운 거짓이다.

정의는 권력을 얻은 자에게만 이용되는 도구가 아니다.
평범한 우리 모두에게도 자신의 행동과 삶을 자랑스럽게 보이기 위한
그럴듯한 가면의 역할을 충실히 수행한다.
정의는 우리 행동을 인도하는 것이 아니라
우리 행동을 변명하고 설득하는 도구이다.
정의는 결국 우리 인간이 만들어낸 최고의 걸작이자 괴물이다.

한 번, 정의롭게 행동했다고
우리가 정의로운 자는 아니라는 것을 아는데
그렇게 오래 걸리지 않는다.

다른 경우에, 우리는 너무도 쉽게 정의를 내버린다.
사정이 달라지면 얼굴빛을 바꾸는 위선자와 크게 다를 바 없다.
우리는 쉽게 정의로운 자가 될 수 없다.

정의는 자신이 정의롭게 되는 데 사용되는 것이 아니라, 타자가 정의로운지를 감시하는 데 주로 사용된다.   65

우리는 왜 정의롭지 못한가

44. 정의란 무엇인가

정의란 [이익 분배] 또는 [인간 발전]을 위한 정당한 의지이며 수단이다.
둘 모두를 만족하게 할 수는 없지만, 적어도 둘 중 하나는 목적으로 한다.

정의에 대해 아무도 대답해 주지 않았다. 그들도 잘 모르기 때문이다.
정확히는 모른 척하는 것이 편리하기 때문이다.
잘 눈치채기 어려운 위선이다.

정의에 대하여 어느 것도 대답할 수 없다. 필요에 따라 변해야 하기 때문이다.
약자를 위한 분배를 주장하며, 자신을 드러내려는 자에게는 전자의 논리를,
인간 발전을 위한 불평등적 보상을 주장하는 자에게는 후자의 논리를 선물한다.
정의는 악마와 같아서 그 모습을 변화하면서 생존해 나간다.
그런데 우리가 자신과 다른 정의를 살해하려고 시도하면
우리 편이었던 정의가 배신한다.
상반되는 정의, 둘은 친구로서 균형을 이루고 싶어 하기 때문이다.
어쩌면 이것이 정의의 가장 긍정적인 면일지도 모른다.

정의란, 다수가 자신의 이익을 위해 살아가는 복잡한 삶 속에서
위장된 가치 다양성의 균형을 잡아주는 것이다.

정의는 인간 삶이 더욱 나빠지는 것을 방지하는 역할만큼은 충실히 수행한다.
의미는 그것뿐이다. 크지도 작지도 않은 역할이다.

정의에 대해서는 다소 모른 척해야 한다. 너무 아는 척하면 다수가 반발한다.

우리는 왜 정의롭지 못한가

45. 정의는 항상 우리 편인가

정의는 불변하는 최고의 가치 중 하나이다.
불평등을 해소하는 중요한 정신 활동이기 때문이다.

그러나 인간 역사의 시계가 수없이 돌아도 불평등은 크게 해소되지 않았다.
거짓이었다.

정의를 계속 파괴해 온 것은 바로 우리 인간이다.
뛰어난 인간은 평등을 원치 않기 때문이다.
약자는 평등을 원하지만, 강자는 그렇지 않다.
이는 우리가 어찌할 수 없는 동물적 특성이다.

정의의 유효 기간은 그렇게 길지 않다.
보통, 자신이 약자의 위치에 있을 때로 제한된다.

문제는 항상 이기심이다.
우리가 정의롭지 못한 첫 번째 이유이다.

동일한 정의가 어떤 때는 우리 편이고 어떤 때는 적이다. 불리해 지면 슬며시 다른 정의를 끌어들인다.

우리는 왜 정의롭지 못한가

46. 정의는 악인가 선인가

정의는 분명, 악과 맞서는 선의 편이다.
그렇다고 그가 악을 심판할 수 있는 것은 아니다.

오랫동안 정의의 역사가 흐르면서 세상은 선으로 가득해야 했지만
인간 역사 이래, 선과 악의 균형이 깨진 적은 없다.
오래된 거짓이다.

정의의 악령은, 더 큰 희생을 방지하고, 더 편안한 미래를 위해,
누군가의 희생을 감수해야 한다는 논리를 펼 때마다 비밀스럽게 나타난다.
정의의 악령은 일어나지도 않을 일을 핑계로, 악을 정당화한다.

반복되는 악의 정당화로, 우리는 선과 악을 구분할 능력조차 상실했다.
이에는 어떤 변명도 통하지 않는다. 모든 것이 우리 모두의 탓이다.

악이 선으로 위장되고, 선이 악으로 호도되어
무엇을 어떻게 판단해야 할지 알 수 없게 되었다.
누군가 선악을 다시 결정하기까지
지금 우리 정의는 선악과 관계없는 것으로 생각하면 된다.
우리가 정의롭지 못한 두 번째 이유이다.

정의는 원래 선이었는데, 선을 위해 악을 행하다 악이 되어 버렸다.

우리는 왜 정의롭지 못한가

47. 정의와 법 중 어느 것이 우선인가

법은 모두에게 올바른 것, 정의를 기초로 구성된다.
법은 정의의 파괴를 막기 위해, 최소한 지켜야 하는 강제적 약속이다.

그런데 법은 정의에 위배되는 경우가 너무 많다.
분명히 누군가는 변명하겠지만, 거짓이다.

법은 정의를 기초로 하는 것이 아니라
개인 또는 소수 집단의 이익을 기초로 구성된다.
이는 정의에 정면으로 위배되는 일이다.
하지만 이에 반발하면 정의에 앞서, 법에 정복당한다.

**우리는 법으로부터 보호받으려 하기보다는
법으로부터 가능한 한 멀리 도망가야 하는 형편이다.**

비겁하지만 어쩔 수 없다.
이는 너무 많은 예가 있어, 이야기할 필요조차 없다.
굉장한 강심장이거나 원한 맺힌 자가 아니라면
오염된 법에 타협할 수밖에 없다.
우리가 정의롭지 못한 세 번째 이유이다.

헌법과 유명한 몇 개 법은 정의를 보장한다. 그러나 우리가 실제 부딪히는 법은 헌법이 아니다.

우리는 왜 정의롭지 못한가

48. 정의는 아직 살아 있는가

정의는 다수의 이익을 위해 조금씩 변화해 가겠지만
그래도 우리 약자 곁에는 계속 존재할 것이다.

아직 정의는 세상 여기저기 남아 있어
약자의 이익을 위해 자신의 역할을 할 것으로 생각했다.
착각이었다.

아무도 약자를 대변해 주지 않는다.
어느 철학자의 예지처럼 우리에게 남은 것은 이제 투쟁밖에 없다.
물론, 그렇게 믿고 싶지는 않다. 다른 방법이 있을 것이다.

**정의는 이미 죽었다. 그러나 부활할 것이다.
어느 작은 골목, 소년의 맑은 눈동자 속에서
다시 생명을 시작할 것이다.**

정의가 약자의 편을 떠나 버렸다.
힘 있는 자의 옆에서 약자를 비웃고 있다.
우리가 지금 정의롭지 못한 네 번째 이유이다.

고양이 목에 방울을 달아야 할 텐데 도무지 용기 있는 자가 없다. 그리고 용기 있는 자, 몇으로 될 일도 아니다.

우리는 왜 정의롭지 못한가

49. 정의는 변명될 수 있는가

정의는 지금 우리 세계, 선을 위한 정신적 동인으로 작용한다.
문제가 없는 것은 아니지만, 누구도 이것을 부정하기는 어렵다.

하지만 쉽게 긍정하기 또한 어렵다.
아무리 생각해도 정의의 역사는 너무 많은 파괴를 동반했다.
아무리 정의를 위해 변명해도, 긍정은 위선이다.

정의가 아무리 변명해도
정의의 탈을 쓰고 저지른 악행들이 정당화되지는 않는다.
정의롭지 않은 자들이 정의를 주장해 왔다.
정의를 위한 변명을 한다면, 오히려 정의를 더 난처하게 할 뿐이다.
제대로 된 변명은 불가능하다.

**지금은 정의의 편이 되기보다는 정의의 적대자 편에서
악취 나는 정의를 완벽히 죽음으로 몰아가는 것이 최선이다.**

정의의 부활을 다시 꿈꾼다.
오래지 않아 위대한 [그]가 나타날 것이다.
우리가 지금 정의롭지 못한 다섯 번째 이유이다.

불한당도 용서받으려면 한참이 걸린다. 정의는 말할 것도 없다. 지금 우리 정의는 극형이 최선이다.

우리는 왜 정의롭지 못한가

50. 누가 게으른 정의를 깨우겠는가

정의는 끊임없이 삶에 작용한다.
그의 휴식은 곧 세상의 파멸이다.

지금 우리 삶에서 정의는 대부분 휴식한다. 그래도 세상은 별일 없다.
삶에 미치는 정의의 과장된 작용은 거짓이다.

정의가 아니더라도
세상을 유지하게 하는 가치는 충분히 많다.
도덕, 윤리, 선, 양심, 배려, 덕, 용기.
이들 모두 정의의 역할을 대부분 유사하게 수행한다.
정의 하나쯤 없다고 세상은 별 탈 없다.
하지만 개인적 미덕에만 의지해서는
오랫동안, 악한 자들에 대항하기는 역부족이다.

**잠들어 있는 정의를 깨울 지식인을 기다린다.
오래 걸리지는 않을 것이다. 항상 그래 왔다.**

그를 깨우기 위해, 잠깐 휴식하면서
우리 모두에게 필요한 정의가 무엇인지 처음부터 다시 생각하는 것이 좋다.
소수를 위한 정의를 인지하고 파괴할 수 있는 자가
잠자는 정의를 깨울 것이다.

소수만 만족하더라도 불만족인 대다수 중, 참을만하다고 생각하는 다수를 움직이면 무엇이든 가능하다.

우리는 왜 정의롭지 못한가

51. 도덕이 우리에게 도움이 되는가

도덕은 우리 삶을 평화롭게 해 줄 것이다.
그마저 없다면 세상은 너무 냉혹하다.

친절, 예의 바름, 정직. 도덕적인 것들은 우리 모두를 편안하게 해줄 것으로 기대했다.
그러나 오랜 시간이 지나도, 우리 삶은 역시 아무런 변화가 없다.
정의처럼, 도덕도 무력하다. 거짓이다.

도덕은 우리를 평화롭게 해 주는 것이 아니라
평화로울 때 비로소, 도덕을 생각한다.
도덕은 평화로울 때의 소일거리를 줄 뿐이다.
지금 우리의 도덕은 자신의 평화를 지키기 위해
[타자로부터 받고 싶은 대우에 대한 희망]을 정리한 내용이다.

**도덕의 제 1 역할은 사람들의 행동을 제한하고
모두를 겁쟁이로 만드는 것이다.**

이는 누군가 일부에게 오랫동안 큰 도움을 주어 왔다.
도덕이 우리에게 실질적 도움이 되기 위해서는
세상 속, 우리 모두가 도덕적이어야 한다.
그러나 이는 인간이 할 수 있는 영역이 아니다.
우리가 도덕적이지 않은 첫 번째 이유이다.

착하고 고분고분한 사람은 여러모로 중요하고 쓸모가 있다.

우리는 왜 도덕적이지 못한가

52. 우리는 도덕적인가, 어리석은가

도덕은 우리를 선하게 만든다.
도덕 속에서 이상향을 꿈꾼다.

어릴 때부터의 교육은 그것을 가능하게 할 것으로 생각했다.
그러나 아무리 찾아도, 큰 바위 얼굴처럼, 선한 사람은 쉽게 눈에 띄지 않는다.
도덕적 인간이 많지 않아, 모든 것이 틀어졌다.
오래된 거짓이었다.

도덕은 의도적으로 사람을 조금 어리석게 만든다.
우리는 진리를 탐구해야 할 시간에 착하게 되는 법을 먼저 공부한다.
선하지만 진리를 알지 못하면, 다름 아닌 어리석음이다.

교육은 진리가 아닌, 도덕적 삶을 강요했으며
진한 향수 냄새 가득한 형식주의로 빠뜨렸다.

도덕은 내면적 선이 아니라, 오히려 외면적 형식미를 담당했다.
우리가 실제로 도덕적이지 못한 두 번째 이유이다.

멋진 갑옷만으로는 싸움에서 이길 수 없다. 칼과 창도 있어야 한다.

우리는 왜 도덕적이지 못한가

53. 우리는 도덕을 지켜야 하는가

도덕은 정해진 규범을 지켜나가는 것이다.
간단하고 어렵지도 않다. 단지 지키면 된다.

그러나 인간 탐욕은 도덕을 이용하기 시작했다.
지켜야 할 덕목들이 계속 증가했다.
그것을 지키는데 인생 모두가 걸릴 것이다.
거짓이다.

지켜야 할 도덕 항목이 너무 많다.
자신만의 도덕, 두셋 정도면 충분하다.

**이것만은 지켜나갈 자신만의 독창적 규범,
자신에 맞는 단순 도덕의 개인적 창제가 필요하다.**

공맹의 오래된 도덕을 읽고, 그들의 생각을 모방하지 않는 것이 좋다.
그러기에는 너무 많은 것이 변했다.
자신의 도덕을 창조하려면 물론 젊음 대부분 시간이 필요하다.
서두를 것 없다.
며칠 독서와 생각으로 만들어낸 것이라면, 그런 것은 없는 편이 낫다.
우리는 잘살기 위해 해야 할 일이 너무 많아, 자신의 도덕을 만들 시간이 없다.
우리가 도덕적이 되기 어려운 세 번째 이유이다.

우리가 지켜야 할 것은 [모두를 위해서]라는 명분이다. 그런 것도 있지만 그렇지 않은 것도 많다.

우리는 왜 도덕적이지 못한가

54. 우리는 도덕적으로 성숙한가

우리는 도덕의 실체를 쉽게 알 수 없다.
그러나 어느 날 오후, 깨달을 수 있을 것이다.

물론 우리도 충분히 알 수 있다. 그러나 그곳에 눈을 돌릴 틈이 없다.
우리에게는 더 중요해 보이는 것들로 눈코입귀가 가득하기 때문이다.
우리의 자신감은 오인이다.

도덕을 실제 행하려면 그 방법을 알아야 한다.
그러나 그 방법까지 공자가 알려 주지는 않았다.
사람마다 그리고 상황마다 다르기 때문이다.
어린아이가 걷는 것을 배우듯이 하나하나 삶에서 알아갈 수밖에 없다.
젊음이 아름답지만, 도덕적 향기까지 갖기 어려운 이유이다.

도덕적 성숙은 갑자기 찾아오는 것이 아니다.
하루하루 행하는 모든 것이 모여,
얼굴과 몸짓에 나타나는 상태이다.

오랜 시간 속, 성숙함의 차이가 그 모습을 다르게 한다.
이를 모르면, 행함 없는 풋내기 오만에 빠지기 쉽다.
도덕적 성숙을 쉽게 얻기 어려운 네 번째 이유이다.

하루아침에 깨달은 자의 특징은 그것이 하루밖에 가지 않는다는 것이다. 오랜철학자들과 겉보기에도 다른 이유이다.

우리는 왜 도덕적이지 못한가

55. 힘 있는 자들은 왜 도덕적이지 않은가

도덕은 우리 모두에게 덕망을 준다.
그것은 우리를 풍요롭게 할 것이다.

그러나 도덕적 인간은 잘 보이지 않고, 뛰어난 자들은 도덕과 거리가 멀다.
어느새 도덕적 인간이 아닌, 머리 좋은 자가 우리 집단을 지배한다.
도덕 철학자들의 거짓말이다.

우리에게 필요한 것은 도덕이 아니라 도덕적 인간이다.
도덕적 인간은 지도자가 되지 못하고 평범하도록 길들여진다.
지금 우리의 도덕적 인간이라면 그럴 수밖에 없다.
도덕적 인간이 눈에 잘 띄지 않는 이유이다.

보통, 머리가 뛰어나고, 일찍 성공한 자는
도덕을 배울 필요도 없고, 시간도 부족했던 도덕적 풋내기인 경우가 많다.
이를 경계하고 조심해야 한다.

도덕적 인간이 지도자가 되도록 하기 위해서는
교육 과정 대부분을 파괴, 전복시켜야 할 것 같다.
우리가 도덕적이지 못한 다섯 번째 이유이다.

아쉽지만 모두를 갖춘 자는 없다. 지능과 기억력으로 평가되지 않는 세상을 기다린다.

우리는 왜 도덕적이지 못한가

56. 도덕은 어떻게 탄생되는가

선과 악은 타고나는 것이다.
이는 피할 수 없는 운명이다.

하지만 하늘에 의해 선악이 결정된다고 믿기에는
우리는 너무나 지적이다.
분명한 거짓이다.

우리는 모두 선과 악, 양면을 모두 가지고 태어난다.
그리고 선함은 교육과 노력으로 결정된다.
아름다운 곡을 연주하기 위해 해야 하는 정도의
반복된 연습과 노력 없는 선함을 손에 쥘 수 없다.

선함은 연습과 노력으로 탄생한다.
이에 대한 교육과 평가를 정규화하고
어떤 교과보다 높은 가치를 부여해야 한다.

따뜻하고 남을 배려하는 착한 심성은
많은 부분, 어린 시절 결정된다.
선함을 점수화하는 어처구니없음을 벗어나기 위해서
이를 위한 전문 교육철학자 다수가 필요하다.
우리가 도덕적이지 못한 여섯 번째 이유이다.

선함은 마음이다. 이를 불러일으키고 또 평가하는 것은 아무나 할 수 있는 일이 아니다.

우리는 왜 도덕적이지 못한가

57. 우리는 누구에게 도덕을 배우는가

도덕은 우리 교육자가 직접 훈육하는 것이 아니다.
위대한 사상과 철학을 통해 습득하는 것이다.

오래된 철학으로 현재를 교육한다.
우리 모두, 무언가 잘못되어 가고 있다는 것을 알고 있다.
착각이다.

우리는 오랫동안
도덕과 철학을 방치했다.

충분히 준비되지 않은 자에게 미래를 맡길 수는 없다.
이는 생각할수록 있을 수 없는 일이다.

도덕 교육은 특히 신중하게 고려하여
선별되고 오랫동안 교육받은 전문 교육철학자가 담당해야 한다.
문명이 주는 성과와 이익에 눈이 멀어, 우리는 이성을 잃고 있다.
수학, 영어 교육 시간이 도덕, 철학 시간보다 길다.
우리가 도덕적이지 못한 일곱 번째 이유이다.

철학 책도 오래 묵으면 쾌쾌한 냄새가 난다. 매일 닦아 주지 않으면 안 된다.

우리는 왜 도덕적이지 못한가

58. 우리에게 도덕을 가르칠 수 있는 자가 있는가

도덕적 인간이 되도록 가르치는 것은 불가능하다. 확인할 수 없기 때문이다.
우선은 도덕적 명문장을 암기시킬 수밖에 없다.
나머지는 본인 몫이다.

그러나 예상대로, 암기 능력이 뛰어난 우등생이 더 도덕적이지는 않다.
알기 쉬운 착각이고 오류이다.

우리에게 도덕을 가르칠 수 있는 자들이 거의 없다.
절망적 수준이다.

타자를 가르치는 것은
자기 인생 대부분, 그것을 공부하고
그것을 생의 목표로 생각한 자만 가능한 일이다.

그렇지 않으면 아무도 진심으로 받아들이지 않는다.
이는 당연하고 부정할 수 없는 사실이다.
도덕을 교육할 수 있는 자를 양성시킬 전문 철학자는 물론
그것을 가르치는 곳도 눈에 띄지 않는다.
이는 우리 모두의 책임이다.
우리가 도덕적이지 못한 여덟 번째 이유이다.

도덕을 가르치라고 했더니 역시 암기력만 가르친다. 시험이 끝나면 잊힐 것이다.

우리는 왜 도덕적이지 못한가

59. 우리 교육은 도덕을 가르치고 있는가

교육자는 성공하는 방법을 가르친다.
우리는 성공하고 싶고 그들이 필요하다.

하지만 그들 교육대로 살아도, 우리는 결코 성공할 수 없다.
거짓이기 때문이다.

교양으로 몇 학기 배우는 도덕과 철학이
그 기능을 다 할 수 있을 것으로 생각하면 오산이다.

**교육자는 자신이 무엇을 가르치던
성공하는 것을 교육하는 것이 아니라
도덕을 가르칠 수 있는 자이어야 한다.**

시간이 걸리더라도 실제적 도덕 교육이 필요하다.
우선은 오랫동안 도덕적 삶을 살아온 선한 자를
우리 교육자로서 선발해야 할지도 모른다.
우리가 도덕적이 되려면, 아직 오랜 시간이 필요한 아홉 번째 이유이다.

성공했다고 남들이 축하해 주어도 무언가 석연치 않다. 사실, 성공한 것이 아니기 때문이다.

우리는 왜 도덕적이지 못한가

60. 도덕 교육은 언제가 좋은가

도덕은 가능한 한 어리고 젊은 시절에 습득해야 한다.
그것을 기반으로, 생을 만들어가야 하기 때문이다.

그러나 우리가 젊은 시절 배우는 도덕은 대부분 또는 아무것도 설명해 주지 않는다.
그것으로 생을 설계하기에는 혼란스럽다.
무언가 오류이다.

계속된 철학 교육이 없다면, 덕은 조금씩 엷어진다.
우리 기억력이 그다지 좋지 않기 때문이다.
도덕은 삶을 향상시키지는 못한다. 권력에 이용당하기도 쉽다.
하지만 철학이 주는 가장 친근한 선물임은 틀림없다.

도덕 교육은 지속적으로 유지되어야 한다.
노년까지 계속되는 의무 교육이 필수이다.

시간이 흐를수록 모습은 조금씩 변해 가겠지만
끊임없는 공부로, 정신은 그 아름다움을 잊지 말고 유지해야 한다.
우리가 아직 도덕적이지 못한 열 번째 이유이다.

우리 기억력은 며칠을 넘기기 어렵다. 도덕도 깨달음도 마찬가지이다.

우리는 왜 도덕적이지 못한가

IV장. 국가, 권력, 부, 명예에 대한 거짓말

[감정]은 의지 영역 밖의 것이고
[감성]은 의지 영역 안의 것이다.
- 감성 노트, p 74 -

우리는 왜 힘을 가지지 못하는가

우리는 왜 무(無)를 찾아 방황하는가.
삶의 억압이 우리를 압도하기 때문이다.
- 통합사유철학강의, p126 -

61. 국가는 나를 보호하는가

국가는 [나]를 보호해 주는 권력 기관이다.
우리가 그를 위해 희생해야 하는 이유이다.

그러나 몇 가지를 제외하고 우리가 보호받는다고 생각하기 어렵다.
결정적 순간에 다수의 이익을 거론하면서, 약자를 외면하기 때문이다.
오래된 거짓이다.

대다수의 위대한 철학자들도 크게 다르지 않은 생각이지만
국가에 큰 기대를 하지 않는 것이 좋다.

**국가는 권력자 소수를 보호하기 위한
태생적 비평등적 권력 보호 기관이다.**

그러므로 우리가 국가의 보호를 받으려면
최소한, 발언권을 가진 다수 집단에 속해야 한다.
즉, 우리가 국가를 만들었을 때의 계약 주체가 되어야만 한다.
문제는 소수 약자의 경우이다.
그들은 서로 단결하여 발언권을 가지는 상태가 되지 않는 한,
국가로부터 외면당할 수밖에 없다.
국가는 힘 있는 계약 당사자들을 우선하여 보호해야 하기 때문이다.
우리가 힘을 가지지 못하는 첫 번째 이유이다.

국가는 평등을 가장하여 평등을 해치는 공인 기관이다. 그에 합당하게 대우하고 기대하는 것이 좋다.

우리는 왜 힘을 가지지 못하는가

62. 우리는 국가를 믿을 수 있는가

국가는 평등을 근거로 작용한다.
그것 때문에 그래도 참을 만하다.

그러나 국가는 평등이 쉽게 성립되지 않도록, 이미 변질되어 있다.
위장된 평등, 불평등이 오히려 더 많아 보인다.
거짓이다.

국가는 다수를 위해
소수를 억압할 수 있는 권리를 부여받은 것처럼 행동한다.
거짓 또는 기만이다.

국가는 비윤리를 윤리로 위장한다.
물론 그의 탓만은 아니다.
우리의 이기심도 평등을 원하지 않는다.

조건이 조금 나은 우리의 동료 노동자조차 평등을 원치 않는다.
그들이 모여 구성된 국가가 평등에 있어 비윤리적인 것은 당연한 일이다.
약자들이 힘을 가지지 못하는 두 번째 이유이다.

우리가 평등을 행하지 않는데, 국가에 그것을 요구할 수는 없다. 국가가 항상 이기는 이유이다.

우리는 왜 힘을 가지지 못하는가

63. 우리는 국가를 위해 희생해야 하는가

국가 가치는 무한해서 개인 가치를 압도한다.
국가를 위한 개인의 희생은 영웅적 행동이다.

그런데 그 희생이 국가를 위한 것인지, 소수의 기득권자를 위한 것이지 혼동된다.
거짓일 가능성이 매우 높다.

우리 삶, 기본 자유를 보장받기 위한 희생은
그 가치에 논란의 여지가 없다.
그러나 국가를 위한 희생에 대하여는 재고의 필요가 있다.
의심스럽기 때문이다.

**평등을 목표로 하는 국가에 기생하고 있는
파렴치한 권력 근처의 기득권층을 몰아내야 한다.**

그들은 우리의 희생을 먹이로, 사역 없이 배를 불리고 있기 때문이다.
국가는 그 명분을 거의 잃고 있다.
우리가 힘을 가지지 못하는 세 번째 이유이다.

전쟁에서 이기기 위해서는 명분이 확실해야 한다. 그 명분이 용기를 주기 때문이다. 그렇지 않으면 필패이다.

우리는 왜 힘을 가지지 못하는가

64. 국가는 이대로 참을 만한가

**국가 필요로 내가 존재하는 것이 아니라,
내 필요 때문에 국가가 존재하는 것이다.**

그러나 내가 주인이라고 하기에는, 국가가 너무도 제멋대로이다.
진실이지만, 지금은 거짓이다.

국가의 주인은 내가 아니라, 국가를 운영하는 소수 권력 집단이다.
국가는 그들만 보호하면 된다.
우리는 기득권을 가진 집단에 머리 숙여, 자유를 구걸할 수 있을 뿐이다.

**권력 집단은 계속 바뀌어 가지만
그들의 이기심은 바뀌지 않았고,
결국 아무것도 변하지 않았다.**

혹시 몇 사람의 깨어 있는 선지자가 있어도
다수 권력자에 의해 곧 제거당한다.
그들은 우리 민중을 하인 취급하면서
약간의 돈과 명예로 그들의 불만을 달래고, 이용한다.
우리가 힘을 가지지 못하는 네 번째 이유이다.

주인과 하인은 실질적 힘에 의해 결정된다. 주인이 되고 싶으면 힘을 키울 수밖에 없다. 인간도 별수 없다.

우리는 왜 힘을 가지지 못하는가

65. 국가는 배반하지 않는가

국가는 변치 않는 충견같이 충실하다.
그는 우리를 배신하지 않을 것이다.

어떤 경우 사실이기도 했지만, 무언가 항상 부당함이 공존한다.
많은 부분, 거짓이다

국가에는 고분고분 감사를 표하고, 그가 주는 대로 받아야 한다.
주인인 우리가 오히려 충성스런 신하가 되어야만 한다.
권력 집단에 조금이라도 해가 된다면, 국가는 즉시 약자를 배반한다.
물론, 그들을 위해 존재하므로 당연한 일이다.

국가의 다수 이익 목적 논리는 소수 약자끼리 서로 다투게 하여,
그들의 단결된 힘을 빼앗으려 하는, 강자들의 오래된 술수이다.

국가마저 믿을 수 없다.
우리가 힘을 가지지 못하는 다섯 번째 이유이다.

국가를 믿어서는 안 된다. 의심하고 감시하여 그에게 이용당하지 않도록 조심해야 한다.

우리는 왜 힘을 가지지 못하는가

66. 국가는 우리의 평등을 지켜줄 것인가

국가의 생명은 처음부터 끝까지 평등에 있다.
그것이 무너지면 우리는 국가를 파괴하고 다시 세워야 한다.

국가는 우리에게 평등을 주어야 한다. 다른 것은 크게 바라지도 않는다.
그러나 국가는 평등보다는, 잘 이해되지 않지만, 소수 집단의 이익을 더 선호한다.
국가의 평등 부여는 오래된 거짓이다.

국가는 평등보다 사회적 총이익을 추구하는 시늉을 한다.
마치 국가의 목적이 사람들의 최대 이익을 추구하는 공리주의를
실현해야 하는 것인 듯한 착각에 빠져 있다.

국가는 우리 모두가 평등하게 살아갈 수 있도록
계약에 의해, 우리에 의해, 만들어진 기관이다.
그 역할이 무너지면 국가는 그 생명력을 잃는다.

평등을 제공하지 못하면, 더 이상 국가가 아니다.
곧 그는 이익 당사자를 위한 목적 집단으로 전락되어 버린다.
이는 우리 삶을 향상시키는 듯이 보이지만, 곧 나락으로 떨어뜨릴 것이다.
힘의 균형이 깨지면 억압, 폭력, 전복의 사슬과 그로 인한 비극이 시작된다.
잃어버린 평등을 지체 없이 재건할 필요가 있다.
우리가 힘을 가지지 못하는 여섯 번째 이유이다.

국가는 평등을 제공하는 듯하다. 그러나 교묘히 불평등을 정당화시킨다.

우리는 왜 힘을 가지지 못하는가

67. 국가를 이용할 것인가, 변화시킬 것인가

국가는 민중과 함께 진화한다.
우리는 마음먹으면 국가를 변화시킬 수 있고, 변화시켜 왔다.

그러나 꽤 오랜 시간을 지켜보아도, 그는 평등의 진리 편에 서지 않았다.
우리 마음대로 할 수 없음이 틀림없다.
오래된 거짓이다.

국가는 살아 있는 생명체가 아니다. 진화도 없다.
어느 순간, 우리에게 국가는 사라지기도 한다.
국가가 우리를 이용하듯이, 현명하게 우리도 국가를 이용한다.
서로 바라지 않는 편이 좋다.

하지만, 국가를 계속 포기할 수는 없다.
우리 모두를 보호할 유일한 방법이기 때문이다.
도대체 무엇이 국가를 진화, 변화시킬 것인가.

결국, 다시 처음으로 돌아가
우리 인간 일반의 이기심을 약화시키는 수밖에 다른 방법이 없다.
이를 위해 이제 우리가 믿을 것은 이를 실현해 줄 강력한 철학밖에 없다.
우리는 그런 철학을 기다리고 또 만들 수밖에 없다.
우리가 아직 힘을 가지지 못하는 일곱 번째 이유이다.

우리가 마음대로 할 수 없을 때는 다 그 이유가 있다. 보통, 그에서 벗어나 대안을 찾는 것이 좋다.

우리는 왜 힘을 가지지 못하는가

68. 권력은 왜 초라한가

권력은 타자를 자기 뜻대로 움직이는 힘이다.
실제 삶에서도 그렇다. 권력을 취하려는 이유이다.

그런데 조금 시간이 지나 되돌아보면,
약자들이 권력자들 뜻대로 움직인 적은 거의 없었다.
흉내만 냈을 뿐이다. 현명한 거짓이었다.

권력이 할 수 있는 것은 의외로 크지 않다.
그리고 그 유효 기간도 매우 짧다.
인간이 자기 뜻대로 세상을 움직이고 싶은 욕구는 이해가 되지만
실제 세상은 강제적 힘에 의해 변화되는 것이 아니다.

세상을 변화시킬 수 있는 것은 우리 다수 [민중의 생각]뿐이다.
그리고 민중을 변화시킬 수 있는 것은 오히려 조용한 한 권의 책이다.

절대다수가 스스로 목숨을 버릴 수 있다고 느끼는
새로운 가치를 제시하는 숨겨진 한 권의 책, 그 속의 생각, 그가 진정한 권력이다.
그가 탐욕스런 권력자와 다른 것은
자신이 아닌, 타자 절대다수의 평등적 권력을 희망하고 인도한다는 것이다.
위선적 권력자들이 두려워하는 것도 물론, 이런 작고 허름한 한 권의 책이다.

권력을 너무 부러워할 것 없다. 자기 자리 유지하기에 급급한 모습은 우리와 다를 바 없다.

우리는 왜 힘을 가지지 못하는가

69. 권력은 우리에게 무엇을 주는가 - 1

권력은 한마디로 [즐거움을 줄 수 있는 것]이다.
그것이 우리를 권력으로 이끈다.

그러나 권력의 자리에 있는 자들에게서 즐거움의 표정은 잘 볼 수 없다.
거짓임이 틀림없다.

권력 근처에는 즐거움이 아니라, 음울함이 먼저 눈에 들어온다.
권력은 혼자의 것이기 때문이다.
권력은 타자와 함께하는 즐거움에의 의지가 아니라,
자신 마음속 원하던 것을 이루고 유지하려는 혼자만이 은밀한 욕심이다.

즐거움이 사라진 권력은 힘이 없다.
즐거움은 타자와 함께하는 것이다.
어린아이처럼, 즐거움이 있는 삶이 훨씬 힘차다.

권력이 개입되면, 좋은 의도이건, 나쁜 의도이건
음울함에 별 차이가 없다.
작은 권력도 큰 권력과 그 양태는 비슷하다.
단언하지만, 우리 생에서 권력 따위는 필요 없다.
그는 우리 것을 빼앗아만 갈 뿐, 아무것도 주지 않는다.

권력은 우리에게 힘을 주는 만큼, 그대로 빼앗아 간다. 남보다 큰 힘을 가지려는 생각이 벌써 우리를 망가뜨린다.

우리는 왜 힘을 가지지 못하는가

70. 권력은 우리에게 무엇을 주는가 - 2

권력은 그것을 위해 희생했던 모든 것을 보상하고
다수 사람의 존경을 받는 명예까지 줄 것이다.

그러나 실제 그 보상과 명예는 너무도 초라하다.
이미 아무도 그의 편이 아니기 때문이다.
거짓이었다.

권력은 거의 아무것도 보상해 주지 않는다.
예상하지 않던 새로운 일들로 보상받을 시간도 없다.

**권력을 얻은 자는 또 다른 욕심과 이기심으로 바빠져서
보상받을 만한 시간을 내기가 쉽지 않다.**

자신의 경험을 생각해보면 알 수 있겠지만
이는 누구에게나 거의 예외 없이 적용되는 허무함이다.
그런데, 만일 보상을 바라고 권력을 탐했다면
처음부터 그것은 자신 개인을 위한 일이었기 때문에
보상의 작고 의미 없음에 허무를 느낄 필요도 없다.
개별자를 위한 보상은 원래 허무하기 때문이다.
권력은 허무 이외에는 아무것도 주지 않는다.
민중을 위해 무언가 해보고 싶다면, 오히려 권력으로부터 멀어져야 한다.

즐거움은 같이 해 줄 사람이 있어야 한다. 이는 비슷한 친구가 있어야 가능한 일이다. 권력은 친구를 싫어한다.

우리는 왜 힘을 가지지 못하는가

71. 권력자는 뛰어난 자인가, 사기꾼인가

권력을 얻은 자는 보통, 우리를 훨씬 압도한다.
그들은 최소한 육체적, 지적 뛰어남과 담력을 가진다.

그러나 권력의 시기가 지나
그들의 정체가 드러나면, 특별한 것은 하나도 없음이 밝혀진다.
허위 또는 오류이다.

권력은 대부분 사기인 경우가 많다.
탐욕이 두려움을 압도한 자들일 뿐이다.
이는 우리의 평범한 삶에도 그대로 적용된다.

기득 권력의 최대 노림수는 사람들의 두려움이다.
그러므로 두려워하지 않을 수만 있으면
그들의 사기는 대부분, 곧 드러난다.

그들과의 기 싸움에서 지지 않기를 바란다.
과장된 모습으로 상대를 위협하면 우리는 대부분 고개 숙인다.
그러므로 두려움에 고개 숙이게 하는 자가
과연 그럴만한 자격이 있는지를 천천히 따져 보고, 그들의 약점을 역습하면
그들 대부분, 꼬리를 내릴 것이다.

권력이 사기라는 것은 너무 유명해서 모두 다 알고 있다. 그러나 권력에 가까이 가면 일부러 모르는 척 침면을 건다.

우리는 왜 힘을 가지지 못하는가

72. 우리는 조금 다른 권력자가 될 수 있는가

권력을 얻은 자는 무언가 중요한 역할을 해야 한다.
그의 힘으로 우리의 현재가 유지된다.

하지만 시간이 지나 생각해 보면, 그의 일은 대부분 과장되어 있다.
우리 역사상, 권력자가 위대한 경우는 거의 없다.
권력의 특별함은 그 당시, 겁쟁이 타자(他者)의 침묵으로 잠시 만들어질 뿐이다.
오래된 착각이다

보통, 기득권을 얻으면 자신을 특별한 자로 생각한다.
그래서 자신 이외에는 그 역할을 하기 어려울 것이라고 착각한다.
우리 대부분은 자신을 너무 특별한 자라고 생각한다.
확실히 그렇기는 하다. 그러나 그것은 다른 관점이다.

권력과 지위를 가지면, 자신만은 지금까지 비난받았던
다른 기득권자와는 다를 것으로 착각하지 않는 것이 좋다.

권력을 얻은 자의 생각과 그가 실제로 할 수 있는 일 중에서,
평범한 우리가 할 수 있는 일에 비해, 특별한 것은 하나도 없다.
특별한 것은 그의 착각과 추종자들의 어리석은 충성심뿐이다.
그래서 권력은 항상 비정상적 충성심을 선동한다.

특별한 자는 특별히 나쁜 자와 비슷한 말이다. 자신을 특별한 자로 생각하지 않는 것이 좋다.

우리는 왜 힘을 가지지 못하는가

73. 우리는 권력 상태에 도달할 수 있는가

우리는 더 오를 수 없고, 더 바랄 수 없는 상태를 꿈꾼다.
최선을 다한다면, 그곳에 도달할 수 있을 것이다.

그러나 그곳은 인간이 도달할 수 없는 우주 저편에 있어
겨우 상상으로만 갈 수 있는 허상이다.
아주 오래된 거짓이다.

권력의 성취는 신기루이다.
아무리 잡으려 해도 멀리 도망갈 것이다. 당연한 이치이다.
만일 권력이 꼬리를 잡히면 그것은 이미 권력이 아니다.
자신의 것으로 할 수 있는 권력은
폭력과 물리적 힘 같은, 초라하고 보잘것없는 것들뿐이다.
진정으로 고개 숙이지 않기 때문이다.

사람들에게 경외감을 주는 권력은 [허영]이다.
우리는 모두 비슷하거나 거의 같기 때문이다.

권력에 욕심이 있는 자는 결국 불한당이 될 수 있을 뿐이다.
권력을 유지시켜 주는 것은 볼품없는 물리적 힘밖에 없다.

타자보다 우위에 서려는 생각은 보통 순수한 어릴 때는 갖지 않는다. 어른들이 모든 것을 망쳐 놓는다.

우리는 왜 힘을 가지지 못하는가

74. 부는 어디까지 윤리적인가

부는 삶을 어느 정도는 풍요롭게 해 준다.
원하는 것을 소유하게 해 주기 때문이다.

그러나 차분한 6월, 초여름 오후, 시끄럽지 않은 한적한 교외에서, 조용히 생각해 보니
부를 가진 자의 것이 산기슭을 천천히 걷고 있는 소박한 농부가 가진 것과
그렇게 차이가 있는 것은 아니었다.
분명한 거짓이었다.

푸른 하늘과 산기슭 맑은 공기 아래, 부는 별로 소용없다.
부는 도시 자본주의 희생자에게 필요한 음습한 소유물이다.

부의 효용은 그것이 필요한 사람에게 나누어 줄 때, 비로소 발생한다.
부는 소유하는 것이 아니라, 공유하는 것이다.

인간이 가지는 부의 총합은 동일하므로
서로 공여한다면 세상은 살 만한 곳이 될 것이다.
어리석은 이기심이 부의 효용을 떨어뜨린다.
자신의 능력으로 부를 축적했다고 생각하지만
타자를 기만함으로써 얻은 부가 대부분이다.
더 낮은 가격으로 사람들에게 제공했어야 하는 상품을, 고가로 판매했기 때문이다.
적정 이상, 과도한 이익을 내는 행위 대부분은 사기에 해당한다.

부는 태생상, 윤리적일 수 없다. 윤리적일 수 있는 유일한 방법은 나중에 모두 돌려주는 것이다.

우리는 왜 힘을 가지지 못하는가

75. 부의 소유권은 누가 가지는가

부는 자본주의 이념의 정점이다. 개인의 무한적 소유를 인정한다.
인류 발전을 위해 이는 신성한 것이며 반론할 수 없다.

하지만 일정 수준 이상의 부는 그것을 권력화한다.
일정한 풍요 이상의 부에 대한 개인의 소유권은 제한해야 한다.
무한 소유 인정은 오래전 바로 잡았어야 하는 심각한 착각이다.

우리는 국가 이외의 다른 권력을 인정하지 않는다.
부는 세습의 준비까지 이미 마쳤다. 부의 권력화를 막아야 한다.
자신의 것이라고 마음대로 증여해서는 안 된다.
이는 모든 수단을 동원해서라도 반드시 막아야 할 것 중 하나이다.
평등의 진리에 위배되기 때문이다.

**자신의 능력과 노력으로 본인이 누리는 부는 인정하지만
우리 민중을 위한 철학은 그 증여까지 인정하지는 않는다.**

이에 대한 원천적 차단이 없다면
상식을 뛰어넘는 태생적 불평등이 민중의 가치와 질서를 파괴할 것이다.
평등을 해치는, 일정 수준 이상의 과도한 부를 인정해서는 안 된다.
부는 개인이 아닌, 사회 구성원 전체가 함께 만드는 것이기 때문이다.

재화는 공기처럼 무한하지 않아서 모두 같이 나누기는 어렵다. 그러나 그렇지 않은 경우도 많다.

우리는 왜 힘을 가지지 못하는가

76. 부와 빈곤의 적절한 차이는 어느 정도인가

부와 빈곤의 원인은 서로 다르다.
잘만 하면, 부와 빈곤은 서로 도와가며 융합될 수 있다.

인간 일반 발전을 위해, 부의 역할은 분명히 있다.
그러나 둘의 차이가 과도해 지면, 모든 긍정적 가정은 무너져 내린다.
융합은 조건이 숨겨진 거짓이다.

빈곤이 부자의 탓은 절대 아니다.
인간은 서로 다른 능력을 갖추고 태어나고
그들이 만들어 가는 재화 양이 차이가 있는 것은 당연하다.

문제는 개인 능력 차 이상으로 벌어지는 과도한 재화 편중 현상이다.
이는 큰 자갈과 작은 모래가 분리되듯, 집단을 두 부류로 분리시킨다.

어느 정도 작은 돌과 모래는 분리되지 않고
융합되어 단단한 토양을 구축한다.
그러나 비가 오면 둘의 차이는 명확히 나타나서
큰 자갈과 작은 모래의 토양은 무너지고, 비슷한 구성의 토양은 더욱 단단해진다.
살아 있는 국가라면 부와 빈곤의 격차가 너무 벌어지도록 방치해서는 안 된다.
국가가 하지 않으면, 민중이라도 나서야 한다.
그들을 포함, 우리 모두를 위해서이다.

보통, 우리는 도움받을 것이 없으면 무시한다. 이는 오랜 후, 부와 빈곤의 차를 어디까지 인정할지의 기준이 될 것이다.

우리는 왜 힘을 가지지 못하는가

77. 부는 선인가 악인가

부는 노동을 자극하고 삶을 발전시킨다.
자신이 원하는 재화를 제공하기 때문이다.

물론, 이는 부의 진정한 의미를 지킬 때만 가능한 일이다.
부는 권력을 극복하기도 한다.
거짓이 아니기 위해서는, 많은 조건이 필요하다.

부를 가졌다고 너무 좋아할 것 없다.
부를 가지지 못했다고 실망할 필요는 더욱 없다.
부의 진정한 의미는 재화를 이용해 기본적 의식주를 해결하고
남는 재화를 나누어, 부족한 이들을 돕는 것이다.

**소박하게 먹고, 단정하게 입고
편안히 잘 수 있는 작은 공간만 있다면
그 이상은 모두 여분의 재화이다.**

부의 진정한 의미대로, 서로 나누지 않는 자들은
부를 가진 것이 아니라, 쓸모없는 금속과 종이 뭉치를 가질 뿐이다.
명석한 일은 아니지만, 본인이 노력한 결과이니 물론 관여할 수는 없다.
그러나 만일 과도한 양의 부를 증여하려 한다면
이는 국가의 자유, 평등 이념을 파괴하는 독재자와 다를 바 없는 범죄 행위이다.
그것이 가능할 정도로 자신을 특별하다고 생각하는 우를 범해서는 안 된다.
부의 소유는 본인에 한해, 엄격히 제한되어야 한다.

부는 일정 수준까지는 선이 악을 앞선다. 그 이상이면 반대다.

우리는 왜 힘을 가지지 못하는가

78. 우리가 추구하는 것은 명예를 위한 명예는 아닌가

명예롭기 위해서는 자신을 향상시켜야 한다.
이는 나만의 고귀한 가치를 지니기 위함이다.

그러나 자신을 향상하기 위한 각고의 노력에도 불구하고
명예는 그렇게 쉽게 주어지지 않는다.
착각이 있다.

우리가 얻고자 하는 명예가
사람들로부터 [부러움]을 사기 위한 것인지 확인해야 한다.
명예란 대외적인 평판이나 자긍심이다.
명예가 자신을 위한 것이라면 더 이상 명예가 아니다.
명예는 그것이 타자에게 이익이 되는 어떤 것을 제공할 때,
비로소 의미를 가지기 때문이다.

명예는 자신의 행위에 합당한 무형, 유형의 가치를
사람들에게 제공하려는 노력에 의해 탄생한다.

대외적 평판이나 자긍심을 얻으려고
자신을 가꾸고 향상시켜 얻을 수 있는 것은
명예가 아니라 대중의 부러움에 의한 [인기]일 뿐이다.
진정한 명예를 얻고자 한다면 잊지 말아야 할 일이다.

명예로운 자는 쉽게 탄생하지 않는다. 혹시 자신이 그렇다고 착각하지 않는 것이 좋다. 명예로울 기회를 놓친다.

우리는 왜 힘을 가지지 못하는가

79. 명예에는 어떤 업적이 필요한가

명예를 위해서는 그에 상응하는 업적이 조금은 필요하다.
사람들이 경의를 표하려면 의심이 없어야 하기 때문이다.

그러나 뛰어난 결과를 얻은 사람들이 명예롭게 생각되지는 않는다.
위대한 업적의 정복자도 명예와는 거리가 있다.
오래된 오인이다.

명예의 역할은 사람들에게 인간적 삶의 가치를 제공하는 것이다.
이는 우리 [삶의 방향]을 제시한다.

그러나 업적은 삶의 방향이 아니라 삶의 결과물이다.
만일 명예가 업적으로 결정된다면
그것은 오히려 삶을 어지럽힐 것이다.

사람은 모두 달라, 동일한 삶의 결과물을 낼 수 없다.
명예의 역할은 누구나 따를 수 있는 삶의 방향을 제시하는 것이다.
링컨의 정직성을 존경하는 것이지 그의 직위를 존경하는 것은 아니다.
명예로운 삶은 업적과 무관하다.
업적이 없다고 명예를 포기하는 일은 없어야 한다.

오랫동안 성실한 삶, 용기 있는 삶을 살았다면, 누가 그것을 알아보지 못해도, 충분히 명예롭다.

우리는 왜 힘을 가지지 못하는가

80. 명예를 위해 사는가, 명예롭게 사는가

삶의 대부분 것을 희생해야 명예를 겨우 얻을 수 있다.
그날의 명예를 위하여 오늘의 불명예는 인내할 수 있다.

그러나 [그날]은 거의 오지 않는다.
빨리 눈치채야 하는 거짓이다.

명예의 기준은 그 사회성과 지속성에 있다.
가족을 위한 희생과 사랑은 고귀하지만, 명예롭다고 하지는 않는다.
명예로운 삶은, 자신의 대부분 것을 희생하여
인간 일반의 향상을 위해 노력하는 삶이다.
자신의 것 중, 물론 시간이 제일이다.
자신의 재산을 어느 날 하루 기분으로 기부했다고 명예로운 것은 아니다.
주위에서 명예로운 자를 쉽게 보기 힘든 이유이다.

어느 하루 명예로운 것과
오랫동안 명예로운 삶을 사는 것은 다른 일이다.
후자가 숭고한 이유이다.

명예로운 삶은 어느 날 아침, 결코 얻을 수 없으니
오해하지 말 일이다.

명예를 위해 살면 사람들에게 인정받을 것이고, 명예롭게 살면 자신에게 인정받을 것이다.

우리는 왜 힘을 가지지 못하는가

V장. 신에 대한 거짓말

신이 인간을 창조한 것은 틀림 없다.
그러나 그 이후 아무 것도 하지 않았다.
인간을 믿기 때문이다.
- 즐거운 여름밤 서늘한 바람이 알려주는 것들, p 197 -

신은 우리를 구원하는가

우리는 아무 것도 요구하지 않는 자만 신뢰할 수 있다.
신도 예외는 아니다.
- 즐거운 여름밤 서늘한 바람이 알려주는 것들, p 202 -

81. 신은 우리에게 꼭 필요한가

신은 우리가 숨을 곳과 의지할 곳을 준다.
그는 암흑으로부터 우리를 구출할 것이다.

그러나 모두 인지하듯이 신은 필요할 때, 많은 경우, 우리를 외면한다.
오래된 거짓이다.

신은 과연 우리에게 필요한가.
우리는 의지 저편의 것에 대하여 신에게 이루어 주기를 희망한다.
그러나 신이 해 주는 것은 우리가 할 수 있는 범위의 것에 대부분 국한한다.

신은 우리 의지 영역 밖의 기도는 거의 예외 없이 외면한다.
그는 마치 우리에게 아무것도 해 줄 마음이 없는 것 같다.

우리에게 신은 결국 필요 없을지도 모른다.
아니면 우리가 신에게 너무 많은 것을 바라는지도 모른다.
대부분의 경우, 신보다 우리 의지가 훨씬 더 유익하다.

신은 우리 의지로 할 수 있는 만큼만 전지전능하다. 그 외는 그도 어쩔 수 없다. 결국 우리 의지가 신이다.

신은 우리를 구원하는가

82. 신은 우리에게 무엇을 주는가

신은 무한적 힘을 가진다.
그가 할 수 없는 것은 없다.

그러나 오히려 그가 할 수 있는 것이 무엇인지가 의문이다.
우리가 희망하는 신의 무한성은 거짓이다.

물론, 신의 본성은 무한성이다.
하지만 우리가 원하는 대로, 신이 모두 이루어 준다면
세상은 오래가지 않아 모두 파멸할 것이다.

신의 일은 신이 해야 하듯이
인간의 일은 인간이 해결해야 한다.

우리 개인적 희망에 대하여 너무 많은 것을 원해서는 안 된다.
신은 끝 없는 시간 동안, 광대한 우주를 유지하는데도 매우 바쁘기 때문이다.
우리의 일은 우리가 해결해야 한다.
대신, 신은 우리에게 중요한 열쇠를 주는데
그것은 다름 아닌 우리가 원하는 것을 하려고 하는 [용기]이다.
신은 용기 있는 자에게만 그가 원하는 것을 얻도록 돕는다.

신은 별로 힘이 없어 보이지만, 우리를 실망시키지는 않았다. [용기]를 주었기 때문이다.

신은 우리를 구원하는가

83. 신은 자비로울 필요가 있는가

신의 용서와 사랑은 우리를 유지시킨다.
그마저 없다면 우리는 숨을 곳이 없다.

그러나 우리를 유지시키는 것은 자비로움이 아니라, 오히려 가끔 있는 신의 분노이다.
한결같은 자비로움은 거짓말이다.

신도 변덕스럽다. 그의 분노는 자비의 다른 이름이다.
신도 감성을 가진 개체이다.
우리 세계는 감성을 중심으로 구성되기 때문에
만일 그렇지 않다면 신은 우리를 이해하지 못할 것이다.
기쁨과 슬픔, 자비와 분노, 이것은 원래부터 가지고 있는 신의 속성이고
그 속성 그대로, 우리가 만들어졌다.

신은 우리에게 모든 것을 주었다.
우리는 신과 크게 다를 바 없다.

단지, 잊어버리고 사용하지 않을 뿐이다.
만일 기억해 낸다면, 신에게 자비를 구할 필요조차 없다.

우리는 불완전하고 실수투성이다. 스스로 고치거나 자비를 구하면 된다. 신은 당연히 전자를 좋아할 것이다.

신은 우리를 구원하는가

84. 신에게 모든 것을 맡기면 되는가

신은 모든 것을 통치하고 또 이상향으로 인도한다.
그에게 모두 맡기면 세상은 **평화롭다.**

그러나 아직 세상이 어지러운 것이,
우리가 신에 완전히 의지하지 않음에 기인하는 것은 아닌 것 같다.
오래된 거짓이다.

신이 통치하는 것은 이제 극히 최소한의 부분만 남았다.
우리의 자유 의지가 세상 대부분을 통제한다.
신의 역할은 이미 우리에게 넘어왔다.

인간 자유의지도 신의 의도이다.
신이 그것을 부여했기 때문이다.

유일하게 남은 신의 역할은 법칙이 깨지지 않도록 하는 일뿐이다.
이 일에 대해서만 신은 분노한다.
하지만 그에 대한 징벌도 그가 아니라, 우리가 스스로 내리도록 인내한다.
모든 것이 이미 우리에게 넘어왔다는 것을 잊지 말 일이다.
이제 신을 탓할 것 없다.
우리는 신이 부여한 역할을 용기를 가지고 수행하면 그뿐이다.

신에게 자꾸 맡기라고 하는 것은 그가 한 말이 아니라 사제들이 한 말일 것이다.

신은 우리를 구원하는가

85. 신은 평등을 원하는가

신의 목표는 [인간의 평등]이다.
그는 모두를 똑같이 사랑한다.

그러나 아무리 오랫동안 기다려도, 그 증거를 찾을 수 없다.
동일한 사랑은 거짓이다.

신은 한 번도 그렇게 생각한 적이 없다.
신이 평등을 부여한 것은 탄생과 죽음에서뿐이다.
평등은 약자들의 희망일 뿐이다.
지구 상 다양한 종(種)의 행태를 보면, 이미 불평등을 그 기원으로 한다.
신이 인간 사이에만 평등을 유지시킨다는 허황된 상상은 그만두는 것이 좋다.

신의 목표는 인간의 평등이 아니라,
피조물의 강자, 약자 비율을 유지시키는 것이다.

이 비율은 우리에게 유용해서, 강자가 되려는 욕망을 미끼로 우리를 발전시킨다.
우리가 평등을 얻기 위해 신을 너무 믿어서는 안 되는 이유이다.
평등은 우리 인간들의 일이지, 신의 일이 아니다.
이 면에서는 오히려 인간이 신을 초월한다.

신은 우주 전체의 평등에만 관심이 있다. 인간의 평등은 그의 관심사가 아니다.

신은 우리를 구원하는가

86. 신은 항상 우리를 돌보고 있는가

신은 우리 생멸과 무관하게 존재한다.
그는 항상, 어디서나 우리 모두를 지켜본다.

그러나 아무리 생각해도, 신은 우리 생, 어느 순간 갑자기 등장하고, 사라진다.
신의 시간 속 항상성과 동일성은 거짓말이다.

신은 고난과 함께 탄생한다.
신은 개인적이다. 신은 먼저 우리를 방문하지 않는다.
우리가 진정으로 원할 때만 그 모습을 드러낸다.

신은 천의 얼굴을 가지고
모두에게 다른 시기, 다른 모습으로
우리 모두에 의해, 개별적으로 탄생한다.

타자와 자신의 신이 동일하기를 원한다면, 아직 신을 잘 알지 못하는 것이다.
만일 모두에게 동일한 모습을 가진 신이라면, 그는 신이 아니라 그림일 것이다.
신은 우리 모두를 동시에 구원하지 않는다.
우리 시기심은 그것을 원치도 않는다.
신은 원하는 자에게만 그것이 간절할 때, 조용히 찾아온다.

우리 인간 모두를 돌보려면 인간 수만큼의 신이 필요할 것이다. 어쩌면 실제 그럴지도 모른다.

신은 우리를 구원하는가

87. 신이 원하는 것은 무엇인가

신은 우리에게 많은 것을 요구한다.
인간을 사랑하기에 하루하루 모든 일에 관여한다.

그러나 열 가지 계율은 물론이고, 신의 뜻대로 되는 것은 별로 없어 보인다.
안타까운 오인이다.

신은 아무것도 원하지 않는다.
[우리는 아무것도 원하지 않는 자만 믿을 수 있다. 신도 예외는 아니다.]
오히려 우리가 신에게 너무 많은 것을 원한다.
이것은 신을 죽음으로, [그에 대한 부정]으로 몰아갈 것이다.
그래도 그가 원하는 것을 억지로 유추해 낸다면
첫 번째는 자유이고, 두 번째는 평등이다. 물론, 둘은 모순이다.

개별적 자유는 평등을 억압하고, 평등은 자유를 제한한다.
이에 대해 신은 이미 답을 주었고, 모르는 척하지만, 모두 알고 있다.

하지만 그것을 실행하기에 우린 너무도 이기적으로 훈육되어 버렸다.
다시 이야기하지만, 신은 아무것도 원하지 않는다.
부자가 되는 것도, 권력자가 되는 것도, 착하게 되는 것도 원하지 않는다.

신이 우리에게 원하는 것은 소박하게 인간답게 살다가 죽는 것이다. 그것뿐이다. 너무 애쓸 것 없다.

신은 우리를 구원하는가

88. 신은 이미 죽었는가

신은 불멸이어야 한다. 신이 우리를 유지한다.
신 없는 세상에서 우리는 사악하고 나약하다.

그러나 우리 마음속 신은 이미 여러 번 죽임을 당했다.
그렇지 않으면 있을 수 없는 일이 너무도 많다.
오래된 거짓일 뿐이다.

신은 이미 여러 번 죽었다.
아니, 신은 죽을 수밖에 없었다.

우리는 이제 다시, 신을 부활시킨다.
그가 격려하고 징벌하는 세상을 기다린다.

착한 자와 악한 자를 구분하지 못하는 왜곡된 세상을 파괴하고
보통 신의 세상을 다시 기대한다.
다수의 인도적(引導的) 철학자가 필요하다.
우리는 신이 지배하는 세상의 재건을 기대한다.
물론, 이렇게 희망대로 다시 시작하더라도
신의 부활은 비관적이지는 않지만, 그렇다고 낙관적이지도 않다.
우리 인간이 그것을 끝까지 원하지 않을 수 있기 때문이다.

우리는 앞에서 신을 찾고 뒤에서 신을 배신한다. 오래전부터 매우 익숙한 장면이다.

신은 우리를 구원하는가

89. 신은 정말로 공평한가

신은 모두에게 공평하다.
마지막까지 그것만은 지켜줄 것이다.

그러나 누구나 알 수 있듯이 축복과 저주는 의미 없이 공존한다.
희망에 불과한 거짓이다.

신이 공평한 곳은 의외로 다른 곳이다.
태어남, 죽음, 하늘, 땅, 산, 물, 늙음, 눈, 코, 귀, 입, 손, 발, 공기, 별, 달, 우주,
물리 법칙, 때때로의 웃음, 즐거움 그리고 슬픔.
적지 않다. 이런 것들은 어느 정도 공평하다.
이해할 수 없는 불공평도 물론 존재한다.

불공평한 축복과 저주는 인간 스스로 만든 것이 대부분이다.
신의 의도로 만든 것도 아니기 때문에, 그는 별로 책임도 없다.

완전하지는 않지만, 다른 여러 곳에서, 그럭저럭 신은 공평하다.
혹시 그렇지 않다고 느낀다면, 신보다는 우선, 다른 곳을 돌아볼 일이다.

신이 공평하기를 바란다면 신을 앞세운 싸움부터 중단할 일이다. 신이 화를 풀려면 오랜 시간이 걸릴 것이다.

신은 우리를 구원하는가

90. 신은 우리를 사랑하는가

우리가 그를 사랑하지 않아도, 신은 우리를 사랑한다.
언제든지 우리를 지켜보고, 보호해 줄 것이다.

그러나 시간이 흐를수록 신은 가끔 우리를 배신하기도 하고
그의 눈에 우리가 보이지 않는 것도 같다.
조금 어리숙한 착각이다.

신이 우리를 발견하는 것은
우주가 생각보다 넓어서, 신이 알아들을 수 있도록 무언가 하지 않으면
거의 불가능하다. 그는 아무것도 알 수 없다.

신에게 성의를 보여, 그가 알아볼 수 있도록 하지 못한다면
원하는 운명이 되도록 우리를 스스로 바꾸는 수밖에 없다.

이는 생각만으로는 불가능하고, 삶 속 행위의 직접적 변화가 있어야 한다.
물론, 신은 나중에 그것마저 자신이 돌봐준 일이라고 생색낼지도 모른다.
아무튼, 가망 없는 희망 속 상상과 기도에 너무 시간을 들이지 않는 것이 좋다.
신은 우리를 지켜보고 있지 않다.

지금도 그런지는 모르겠으나, 우리를 만들었을 때, 신은 우리를 사랑했었음은 틀림없다.

신은 우리를 구원하는가

91. 신이 있는데 왜 모두 선하게 되지 않는가

신은 악한 자를 벌하고, 선한 자를 격려한다.
두려워 악은 억제되고, 선은 그렇게 유지된다.

그러나 신이 조금 게을렀는지
천 년이 지나도 선악의 비는 거의 변하지 않는다.
오래된 거짓말이다.

신과 악한 자는 오랜 친구이다.
신은 너무나도 관대하다.
선한 자의 고통은 눈에 안 들어오고, 악한 자의 참회는 대범함으로 용서한다.
선한 자들은 의지할 곳이 없어졌고, 악한 자들은 두려울 것이 없어졌다.
우리의 비참함은 신의 나태함에 기인할지도 모른다.
그러나 한 번 더 생각해 보면, 이유는 다른 곳에 있다.

선악의 비율은 신이 아닌, 선한 자들의 비겁함에 기인한다.
용기가 없으면, 아무리 선해도 우리 삶에 별 도움이 안 된다.

선한 자들이 잊지 말고 기억해야 할 일이다.
악한 자를 벌 주어야 하는 것은, 우리 인간이지 신이 아니다.

선과 악의 구분은 인간의 선택이다. 신은 인간도 다른 피조물처럼 선악을 모르게 하려고 했다. 선악은 우리의 일이다.

신은 우리를 구원하는가

92. 신은 악한 자를 정말 용서하는가

신은 우리 죄를 용서한다. 용서할 수밖에 없다. 그의 창조물이기 때문이다.
아무리 악한 죄를 지어도, 용서의 눈물을 흘리면, 그는 자비로울 것이다.

그러나 조금 더 자세히 보니, 악한 자일수록 그의 용서를 구하지 않는다.
물론, 우리도 악한 자에 대한 그의 용서를 원하지 않는다. 신은 용서와 별 관계없다.
분명한 거짓이다.

우리 삶을 돌아보면, 용서는 신이 할 수 있는 것이 아니라
우리 스스로, 그것에 대한 죗값을 치러야 하는 것이다.

용서의 주체는 신이 아니라, 인간이다.
만일, 악한 자가 신의 용서를 구해, 마음 편해진다면
신은 악마와 다를 바 없는 존재이다.

신의 용서는 악한 자들이 만든 거짓말일지도 모른다.
인간 세계에서 지은 악은 그곳에서 해결하도록 하려는 신의 생각은 확고하다.
신을 믿고 악을 저지르는 자는 두려워해야 할 것이다.
반드시 죽기 전, 고통을 겪을 것이다.
용서는 신과 관계없다.

신이 용서해도, 우리는 악한 자를 쉽게 용서하지 않을 것이다. 그렇게 하는 것이 우리에게도, 신에게도 좋다.

신은 우리를 구원하는가

93. 신은 약자 편인가, 강자 편인가

세상은 모두 강자 편이다.
그래도 신은 약자 편이다.

우리는 오랫동안, 약자가 그래도 그럭저럭 살아갈 수 있는 것은
신의 덕이라고 생각했다.
착각이었다.

인간다운 것은 동물과 다른 어떤 것이다.
우리 인간은 배가 고플 때도 다른 사람을 고려한다. 화가 날 때도 참는다.
가난해도 즐거울 수 있다. 깊이 생각하고 후회하지 않는다.
이는 강자의 특징이다. 신은 약자를 보호하지 않는다.

**신의 의도는 약자를 보호하는 것이 아니라
우리 인간을 더욱 인간답게 하는 것에 있다.**

자신을 약자라고 생각하고 낙담한다면, 신도 외면할 것이다.
신은 항상 의지가 분열되지 않은 강자의 편에 선다.
그러므로 자신을 약자로 생각해서
아무것도 하지 않는 자포자기적 나태한 인간은
결코 신의 도움을 받지 못할 것이다.

신은 강자를 돕는 것이 아니라, 강해지려고 의지하는 자를 돕는다. 물론 슬픔에 잠긴 약자도 해당된다.

신은 우리를 구원하는가

94. 신은 우리를 위로해 주는가

슬픔에 잠긴 약자를 신은 위로한다.
우리는 슬픔을 대비해 신을 준비한다.

그러나 깊은 슬픔에 빠진 자에게, 신은 원망의 대상일 뿐이다.
거짓일 수도 있다.

신은 위로를 주지 않는다. 아니, 줄 수가 없다.
우리가 그것을 받을 준비가 안 되어 있기 때문이다.
절망적 슬픔으로, 아무것도 보이지 않는 자는, 신도 보이지 않는다.
어느 정도 슬픔이 진정되어야, 비로소 신이 눈에 들어온다.
그러므로 신의 위로는 항상 조금 늦는다.

깊은 슬픔에 잠긴 우리가 믿을 것은 우리 자신밖에 없다.
자신의 존재를 찾고, 그를 강하게 단련해야 하는 이유이다.
그는 신보다 먼저, 자신을 추스르고 회복하는 것을 도와준다.

사실, 신은 우리 슬픔에 별로 관심도 없다.
우리 자신도, 잘 알지 못하는 이웃의 슬픔에 그러하면서
신만 우리에게 관심을 가질 것이라는 이기적 희망은 빨리 버리는 것이 좋다.

신도 되돌릴 수 없는 것이 있다. 이 경우는 신의 위로도 소용없다. 그래도 그는 우리 눈물을 닦아 줄 것이다.

신은 우리를 구원하는가

95. 신이 우리를 창조했는가, 우리가 신을 창조 했는가

신은 태초에 우리를 창조했음이 틀림없다.
그렇지 않으면 설명되지 않는 것들이 너무 많다.

그러나 그럴 경우, 오히려 설명되지 않는 것 또한 적지 않다.
무언가 오류가 있다.

신은 우리를 창조했고, 우리 또한 신을 마음대로 창조했다.
자비로운 신을 창조했고 분노하는 신도 창조했다.
인간적인 신, 고뇌하는 신도 창조했다.
우리의 희망에 따라 신은 계속 변형 당했고
그는 자신이 창조한 피조물에 의해 서서히 파괴되어 갔다.
그는 이미 반신반인(半神半人)이다.

**그를 신으로 돌려놓아야 하고
우리는 인간으로 돌아와야 한다.**

하지만 분명히 그는 이미 이것조차 알고 있을 것이다.
그리고 우리도 결국 우리가 만든 거짓 신을 알게 될 것이다.
우리는 그의 일부분이기 때문이다.

신도 인간도 반신반인이다. 신의 검으로도 나누어지지 않는다. 우리 모두가 혼돈 속에서 신과 인간을 연기한다.

신은 우리를 구원하는가

96. 우리는 신에 대하여 얼마나 알고 있는가

우리는 신에 대하여 거의 대부분 알고 있을 것이다.
어쩌면 신 자신보다, 우리 신학자와 사제들이 그를 더 많이 알 것이다.

그러나 삶이 지속할수록, 그를 이해할 수 없는 일은 계속 일어났다.
착각이었다.

신은 비밀투성이이다.
우리가 알고 있는 것은 대부분 거짓이다.

우리는 그를 알 수 없다. 그저 상상할 뿐이다.
신은 불사인지, 전지전능한지, 사랑을 원하는지,
평화를 원하는지, 우리는 아무것도 알지 못한다.

우리에게 신의 최대 비밀은 역시, 우리 인간을 사랑하는지 여부이다.
아무래도 신은 인간을 사랑하지만, 인간만을 사랑하는 것은 아닌 것 같다.
그것이 결국 우리를 사랑하는 다른 방법인지는 모르겠지만.
빈번한 대재앙과 불행은 이를 설명한다.
그래도 확실한 것은, 유일 최고 절대신은 인간만을 위한 신은 아니라는 것이다.

우주 전체 절대신이라면, 우리 인간사에 별 관심 없을 것이다. 그래도 블랙홀에 지구가 빠지지 않도록은 할 것이다.

신은 우리를 구원하는가

97. 신은 완전한 인간을 원하는가

우리 모두를 구원하려면, 신은 완전해야 한다.
완전성이 무너지면, 예외가 생기기 때문이다.

그러나 우리는 자신만을 위한 신의 예외를 희망하고 또 원망했다.
완전성은 쓸모없는 생각이었고, 거짓이었다.

예외가 모여 삶을 구성한다.
신도 완전하지 않다.
만일 신이 완전했다면 처음부터 지금의 인간을 창조하지 않았을 것이다.
그에게 도전하며 혼란과 불행을 자초하는 불완전한 창조물이기 때문이다.

우리 또한 완전해지려고 그렇게 노력할 필요 없다.
완전해지려고 할수록 신에게서 멀어질 뿐이다.

완전하기 위해 끝없이 자신을 소모하여, 신을 생각할 시간이 없기 때문이다.
완전한 것은 따뜻한 봄날, 잠시 생각만으로도 충분하다.
신은 오히려 조금은 불완전하고 여유로운 인간을 좋아한다.
불완전함에 대하여 불안감을 느끼는 것은 악마의 저주이다.

혼돈, 무질서, 우연이 모여 세상을 이룬다. 완전성이란 불완전성의 집합체이다. 우리 인간은 불완전한 한 객체이다.

신은 우리를 구원하는가

98. 신은 아름다울 수 있는가

신은 선하고 아름답다. 그러나 항상 그런 것은 아니다.
그가 창조한 인간이 그것들과 거리가 있기 때문이다.

그러나 그가 만든 세상과 삶 속에는 무수한 아름다움이 존재한다.
신을 아름다움으로부터 이탈시키는 것은 심각한 오류이다.

우리 대부분 인간은 아름다움을 가장할 수는 있겠지만
실제 아름다울 수 있기는 어렵다.
인간적 아름다움은 대부분 그렇게 오래 유지되지도 않는다.
이렇게 오랫동안, 우리에게 인간과 신은 아름다울 수 없었다.
그러나 어느 가을, 작고 붉은 화살나무 잎 속에
세상 모든 아름다움이 붉게 녹아 있음이 보였다.

**신은 때로는 분노하고, 때로는 아름답지 않을지도 모르지만
세상을 아름답게 만들려 한다는 것은 분명하다.**

가을 붉은 잎도 그러한데, 우리 인간도 아름다울 수 있음이 틀림없다.
그리고 인간은 신을 충분히 아름답게 만들 수 있다.
물론, 세상 모두를 아름답게 할 수도 있을 것이다.

신이 아름다운 것은 전적으로 인간 덕분이다. 신도 자신의 모습을 보고 놀랄 것이다. 우리 상상력은 신을 능가한다.

신은 우리를 구원하는가

99. 신이 우리와 다른 점은 무엇인가

우리는 어쩌면 신에 가까이 접근할 수도 있을 것이다.
인간 **총합**이 이룬 이성적 능력은 그럴 수도 있다.

그러나 우리 감성적 개인은 완전히 다른 이야기이다.
오해하지 말 일이다.

우리가 신에 접근할 수 없는 이유 중 하나는 평정심의 부재이다.
아무리 뛰어난 인간도 자신의 소중한 영역이 침범되면
한순간에 평정을 잃고 무너진다.
신이 평정을 유지하는 것은 자신의 영역이 침범되지 않기 때문이다.

**우리가 신과 같은 깊은 평정을 유지하기 위해서는
인간이 쉽게 침범할 수 없는 영역을 소유해야 한다.**

어찌하다 보면, 우리도 신처럼 평정심을 가질 수 있을지 모른다.
하지만 감성이 주는 선물을 받지 못해, [즐거움]은 거의 없을 것이다.
물론, 둘 다 갖는 것은 불가능하다.

신의 평정은 태생적이고 우리의 평정은 노력으로 이루는 것이다. 만일 그것이 가능하다면 우리는 신보다 뛰어나다.

신은 우리를 구원하는가

100. 신은 우리에게 무엇을 원하는가

신은 틀림없이 하나이어야 한다.
여럿 있을 필요가 없기 때문이다.

우리는 하나의 신 아래, 통일된 세상을 원한다.
여럿이 필요 없다면, 그들을 통합하는 또 다른 신이 있어야 한다.
그러나 그들의 문헌과 경전을 보면, 그들 모두 또 다른 신은 필요 없다.
무언가 거짓이 존재한다.

신이 하나이어야 한다는 것은
편협한 인간과 사제들의 헛된 욕심이다.
신은 우리가 원하는 모습으로 나타난다.

신이 원하는 것은 피조물 일반의 평등이다.
하지만 우리는 이를 수용하지 않는다.
욕심과 자유를 일부 희생해야 하기 때문이다.

신의 생각은 따를 수 없고 그렇다고, 신은 버릴 수 없다. 모순이다.
우리가 그들 모두의 평등을 위하여 양보하고 바뀌지 않는다면
결국 신은 슬픔에 잠긴 약자를 위한 검고 두꺼운 노트만을 남기게 될 것이다.

신은 피조물 모두를 위한 세상을 원하고, 그것은 인간만이 이룰 수 있다. 우리를 구원하는 것은, 신이 아니라 우리 인간이다.

신은 우리를 구원하는가

VI장. 존재에 대한 거짓말

존재의 무질서와 혼돈이 [나]를 무너뜨린다.
[나]를 잘 알 수 없는 이유이다.
- 즐거운 여름밤 서늘한 바람이 알려주는 것들, p 245 -

우리는 존재를 벗어날 수 있는가.

산속에서 길을 잃지 않기 위해서는 두려워하지 말고
숲에 익숙해지고 친밀해져야 한다.
그러면 숲이 스스로 길을 안내해 줄 것이다.
- 즐거운 여름밤 서늘한 바람이 알려주는 것들, p300 -

101. 존재는 죽음과 함께 소멸하는가

존재를 잃으면 모든 것을 잃는다. 두려운 일이다.
존재를 위해 할 수 있는 모든 것을 해야만 한다.

그러나 우리 주위는 죽음이 없어지지 못하는 것들 투성이이다. 초조해 할 필요 없다.
존재는 과장되어 있거나, 거짓이다.

조금 시간을 두고 생각해 보면
존재를 잃어도 모든 것을 잃는 것은 아니다.

존재는 소멸하는 것이 아니라, 시간 속으로 용해해 들어가는 것이다.
존재 소멸의 순간은 세상에 더는 용해할 아무것도 없는 순간이다.

존재는 세계로부터 우연성과 필연성의 원인에 의해 탄생하고
서서히 세계로부터 받은 것들을 되돌려 준다.
존재는 소멸하더라도
그 시간 속 흔적은 하나도 빠지지 않고 세상에 돌려준다.
물에 그림자가 빠져도, 옷은 젖지 않는다.
아무것도 남는 것 없다고 두려워할 것 없다.

우리의 하루하루는 모두, 바람 속에 저장된다. 혹시 기억 속에서 사라져도, 어느 봄날 오후 그대로 돌려줄 것이다.

우리는 존재를 벗어날 수 있는가.

102. 존재는 시간에 부자유한가

존재는 현재에만 실존한다.
과거와 미래 실존 불가성을 생각하면 그럴 수밖에 없다.

오랫동안 조금의 의심도 없었다.
그러나 어느 날, 과거와 미래의 존재 또한 분명한 존재로서 삶에 드러났다.
현재성은 거짓이었다.

존재는 현재에만 실존하는 것은 아니다.
시간의 결정성은 부정될 수 있다.

**과거는 현재에 의해 [재창조] 시킬 수 있고
미래는 현재에 의해 [결정] 시킬 수 있다.**

우리는 과거에 존재할 수 있고, 미래에도 존재할 수 있다.
그들을 현재에 의해 변화시킬 수 있기 때문이다.
과거 물컵을 들었던 목적을 지금 바꾸어 결정할 수 있고,
미래 물컵을 들고 있는 나를 현재 행위로 결정할 수 있다.
과거가 고정되지 않고, 미래가 불확실하지 않다면
현재에 너무 겁먹어, 위축될 필요 없다.
모든 존재는 언제든 시간을 부수고 재탄생할 수 있다.
이렇게 아주 조금은 시간에 자유로울 수도 있다.

어제의 우리도, 내일 있을 우리도, 오늘 우리의 의지가 새롭게 결정한다.

우리는 존재를 벗어날 수 있는가.

103. 존재는 우열이 있는가 -1

인정하기는 싫지만, 존재에도 우열이 있을지 모른다.
너무도 다른 삶들이 태연히 우리 앞에 펼쳐져 있기 때문이다.

그러나 그 가장(假裝)의 무대 뒤에는 모두 초라한 모습뿐이다.
우열은 거짓이다.

우리는 초라하다. 우리는 즐겁다. 우리는 명예롭다.
그러나 모두 때때로의 일이다.

존재의 우열은 항상 일시적이다. 그렇게 마음 쓸 것 없다.
지금 초라하더라도 몇 년 후면, 모두 다른 이야기가 된다.

자신이 앞서있다고 생각되면 걸음을 멈추고 사람들과 같이 가는 것이 좋다.
너무 앞서 가면 길을 잃고 헤매다, 결국 추락할 것이다.
뒤처져 있어도 너무 서두를 필요 없다.
사람들이 기다려 줄 것이기 때문이다.
존재의 우열은 어리석은 자들의 자기도취를 위한 도구일 뿐이다.
그들은 그냥 내버려 두면 된다. 시간이 알려 준다.

지위, 명예, 미, 기억력, 직업, 돈, 지식 같은 것으로 자신이 우월해 보인다면, 그것은 오히려 열등한 이유이다.

우리는 존재를 벗어날 수 있는가.

104. 존재는 우열이 있는가 -2

존재에는 우열이 있다. 운명이 우열을 만든다.
그러나 문제 될 건 없다. 극복할 수 있는 문제이다.

천진스럽게도 그것을 우리 노력으로 극복해야 하는 것으로 생각했다.
모두 오래된 거짓이다.

처음부터 모든 존재는 다르지 않다는 것을 아는데
우리 인생 대부분 시간이 소모될 수도 있다.
결국은 모두 알게 되는 사실임에도 불구하고,
자신이 슬픔에 잠긴 약자가 될 때까지 잘 인정하지 않는다.
우리 모두, 아주 조금씩 가지고 있는
[강자가 되기 위한 금화]를 포기하기 싫기 때문이다.

모두가 동일하다는 것을 알지 못하면
결국 우열을 만들려 할 것이고
이것이 모두를 끝까지 괴롭힐 것이다.

그래도 다행인 것은 그것을 알고 또 행하는 것이
그렇게 어렵지는 않다는 것이다.
모르는 척하지만 않는다면.

존재에는 우열이 없다. 우리 모두가 최고이자 최저이다. 있다면, 그 우열은 두 그루 소나무 차이 같은 것이다.

우리는 존재를 벗어날 수 있는가.

105. 존재는 가벼운가, 무거운가

어느 날, 존재는 바람에 날릴 것 같이 가볍다.
그날은 존재의 모든 것이 자유롭게 느껴진다.

그러나 어느 날은 존재가 큰 바위 같아서 한 걸음도 움직이기 어렵다.
존재의 모든 것이 억압받기 때문이다.
결정론적 생각, 둘 다 거짓이다.

존재는 가볍지도, 무겁지도 않다.
우리는 아주 자유롭지는 않지만, 항상 억압 속에 있는 것도 아니다.

중력이 작용하지 않는 곳에서, 무게는 그 의미를 잃는다.
중력의 망령에서 벗어나면, 존재의 무게는 동일하다.

좋고 싫음, 크고 작음, 옳고 그름, 좋고 나쁨과 같은
분별, 구분에서 발생하는 무게에 의한, 중력의 망령에서 벗어나면
그것을 이루려는 투쟁 속, 존재의 무게에서 벗어날 수 있고
모든 이들과 시선을 조금은 맞출 수 있다.
우리 모두 조금도 다를 바 없고, 그러니 모두 비슷하게, 정답게 살아가면 된다.
그리고 이를 위해 하루하루 조금씩 걸어가면 된다.
이는 어차피 죽음이 가까워 지면, 그가 가르쳐 줄 것이긴 하다.
자신이 조금 나아 보여, 사람들과 시선을 맞추기 싫거나 힘들다면
아직 중력의 망령에 사로잡혀, 생각의 미숙함을 벗어나지 못했다고 생각하면 된다.

존재가 가볍다는 것은 억압으로부터 자유롭다는 것이다. 이는 우리가 어떤 상황에 있든 공평한 기회를 준다.

우리는 존재를 벗어날 수 있는가.

106. 존재는 어떤 색인가

존재는 화려한 붉은빛이기도 하고, 우울한 회색빛이기도 하다.
물론, 화려하게 채색되지 않으면 그 모습이 잘 드러나지 않는다.

그러나 어떤 색으로도 존재를 표현하기에는 항상 무언가 부족하다.
단순한 색은 오류임이 틀림없다.

기쁨, 슬픔, 분노, 우울. 감성은 존재에 색깔을 부여한다.
감성이 없다면, 존재는 단조로운 흑백의 색조를 띨 것이다.

충만한 감성은 존재를 투명하게 한다.
감성은 존재가 가진 결정성을 파괴하고
존재를 보이지 않게, 세상에 녹아들게 한다.

자신이 잘 보이지 않으면, 감성이 충만한 [자유 상태]라고 생각하면 된다.
자신이 보이면 감성이 억압된 [부자유 상태]이다.
자신의 색이 있다고 자랑할 것 없다.
오래지 않아 색은 바래고 초라하게 될 것이다.
어떠한 경우에도, 너무 자신의 색을 고집하려 할 것 없다.

자신의 색이 보이면 평정 속에서 자유롭기 어렵다. 자신이 드러나기 때문이다. 돌이키려면 시간이 걸린다.

우리는 존재를 벗어날 수 있는가.

107. 존재는 그렇게 허무하게 사라지는가

존재는 생각과 감정을 담는 의미 없는 껍질이다.
그에 따라 표정을 달리하다 어느 날, 사라져 간다.

그러나 이렇듯 허무한 존재는 분명 우리 전부이기도 하다.
존재의 허무함은 아무래도 인정하기 어렵다. 거짓이다.

우리가 존재한 사실은 사람들의 기억에서 사라질 뿐, 영원히 사실로써 존재한다.
사람들 기억에 너무 연연해 할 것 없다.

시간은 선한 미소를 기억한다.
오늘 작은 선함이 바람(風) 속에 남아, 영원을 관통할 것이다.

바람은 우리가 약자인지, 강자인지는 기억하지 않는다.
오래된 바람이 기억하는 것은 우리의 선함과 미소, 그리고 즐거움이다.
아무리 좋은 것을 많이 가지고 있어도
바람은 그들을 모두 거두어, 망각의 강 속으로 흩뿌린다.
슬픈 일이 있어도 너무 슬퍼할 필요 없다.
바람은 우리 고통과 절망을 모두 거두어 주기 때문이다.
이렇게 우리는 존재의 허무를 거부한다.
시간 속에 분명히 각인되어 있기 때문이다.

오늘 선한 미소가 우리를 영원히 존재하게 할 것이다.

우리는 존재를 벗어날 수 있는가.

108. 존재가 드러내는 것들은 유인가 무인가

우리는 존재하거나 존재하지 않거나를 선택한다.
이렇게, 유와 무는 확실하게 분리될 수밖에 없다.

그러나 어느 날은, 눈앞 존재가 분명히 유무를 모두 포함했다.
유무의 확실한 분리는 거짓이다.

존재는 우리의 시선으로 탄생되는 것이다.
그는 있다, 없다를 반복한다.
존재는 우리가 탄생시키고, 우리가 소멸시킨다.
존재는 항상 이중성을 가진다.

같은 존재가 선(善)이고 또 선이 아니다.
같은 존재가 진실이고 또 진실이 아니다.

이는 누구나 항상 경험하는 일이다.
자신이 확실히 맞는다고 생각하지 않는 것이 좋다.
물론 틀렸다고 생각할 필요도 없다.
우리 모두, 조금 어렵다고 느끼지만
존재가 드러내는 것들을 분별하고 구분하는 것을 [과감하게] 멈출 때
비로소 존재가 깊이 숨겨진 자신의 모습을 드러내고, 조금은 마음 편안해진다.

존재는 항상 숨어 있다. 용기를 내어 무엇인가 시도할 때만 존재가 모습을 드러낸다. 유무의 차이일 뿐이다.

우리는 존재를 벗어날 수 있는가.

109. 존재로부터의 탈출은 가능한가

존재로부터의 이탈은 곧 죽음이다.
그러므로 물론, 존재의 보존이 생의 우선 목표이다.

그것을 위해, 우리 삶의 목표도 어느새 변해간다.
그러나 오인이었다.

존재는 우리가 최선의 정신과 영혼을 가질 수 있도록 유지하기 위한 도구이다.
존재는 중요하다.
존재로부터의 탈출은 언뜻 불가능해 보인다.
그러나 우리는 항상 존재를 떠나 있다.
존재는 우리가 잠시 쉴 때 들르는 작은 공간일 뿐이다.
우리는 존재를 위해 하는 일을 최소화한다
존재를 보존하기 위해, 오랜 게으름과 지나친 쾌락을 위해,
허비했던 시간은 우리를 조금 낙담케 한다.

**우리가 추구해야 할 것은 개별 존재 밖에서
세상을 품고 있는 보이지 않는 [생각의 통합체]이다.**

자신의 존재와 타자를 위한 삶 중, 그 비중은 후자가 월등하다.
어차피, 통합체에서는 자신보다 타자가 훨씬 더 많기 때문이다.
그리고 그것이 우리가 다른 피조물과 조금 다를 수 있는 유일한 방법이다.
우리는 지금보다는 조금 더 선한 세상을 기다린다.

존재로부터 탈출하면 세상은 너무도 넓다. 그리고 항상 밝다. 햇빛을 가릴 것이 더는 없기 때문이다.

우리는 존재를 벗어날 수 있는가.

110. 존재와 무는 서로 대립하는가

**존재와 무는 대립한다. 이는 인정할 수밖에 없다.
있음과 없음으로 구분되어, 삶은 슬프고 어지럽다.**

우리는 오랫동안 그 슬픔과 어지러움에 방황하고, 결국 인정할 수밖에 없다.
하지만, 결국은 드러나는 거짓이다.

어느 날인가, 정숙한 오후 햇살 아래, 둘은 대립을 풀기도 한다.
그것이 그렇게 중요해 보이지 않을 때이다.
가난과 부, 사랑과 무관심, 죽음과 삶.
이 모두가 항상 서로 대립하는 것은 아니다.
있음과 없음 있지 않음 이 대립을 풀면, 드디어 무(無)가 조금 모습을 드러낸다.

**무(無)는 있음(有)의 대립체가 아니라
있음과 없음을 구분하지 않을 때,
새롭게 탄생하는 독립적 양태이다.**

권력, 명예, 부, 우정, 즐거움, 노여움, 분노, 기쁨, 희망.
무는 이 모든 우리 삶에 적용된다.
[있으나 없으나], [가지나 가지지 못하나], [슬프거나 기쁘거나],
대립을 조금씩 풀어가면, 조금씩 자유롭다.

무에 도착하면 상심에서 자유롭다. 그럴 수밖에 없다. 누구나 알지만, 그곳에 도달하기가 만만치 않다.

우리는 존재를 벗어날 수 있는가.

111. 우리는 존재의 이유를 찾아야 하는가

**존재는 어떤 원인에 의해 탄생하고
그것이 사라지면 존재도 소멸한다.**

이것이 우리를 초조하게 한다.
그러나 그 원인과 결과를 통합하는 다른 시선도 존재한다.
존재의 굴레는 벗어날 수 있다. 거짓이다.

원인과 결과의 쳇바퀴를 멀리서 볼 수 있다면
그로부터 조금 벗어날 수 있다.
이는 초조함으로부터 우리를 구출한다.

**원인도 존재이고 결과도 존재이다.
존재는 그 원인, 그 이유를 가질 때
억압적 경계를 벗어나지 못한다.**

존재의 이유, 생존의 이유를 만들려 할 필요 없다.
우리가 그 정도로 특별한 존재는 아니다. 그것이 더욱 존재를 억압한다.
존재의 굴레를 벗어나려면, 할 수 없이 존재의 이유를 벗어날 수밖에 없다.
존재를 벗어나는 방법에 대해서는
위대한 철학자가 아니더라도, 우리 모두 잘 알고 있다.
어렵지 않다. 우선, [존재를 위한 욕망]으로부터의 탈출이다.
그것을 이기지 못해, 모른 척하고 있을 뿐이다.

살아야 할 이유가 없으면 죽음도 두렵지 않다. 그런데 살아야 할 이유를 너무 많이 만든다. 대부분 쓸모없다.

우리는 존재를 벗어날 수 있는가.

112. 우리는 존재에 대하여 알고 있는가

존재는 숨겨진 진실을 모두 드러내고 있다.
눈에 보이는 데, 그 비밀을 모를 이유가 없다.

이것이 우리를 고집스럽고 나태하게 한다.
그러나 누군가 [나]에 대하여 물었을 때, 우리는 침묵할 수밖에 없다.
우리가 아는 것은 대부분 불명확한 오류이기 때문이다.

우리가 아는 것은 대부분 기억하는 것, 흉내 내는 것뿐이다.
아무것도 확실히 아는 것도 없이, 흉내만 내다 생을 마감하기 쉽다.
[모르면, 모른다]하고 새롭게 습득해야 한다.
모르면서 아는 척 살아가면, 삶은 온통 허위로 가득 찬다.

모름을 알아야 앎으로의 여정을 시작할 수 있다.
알기 위한 첫걸음은 모름을 인정하는 것이다.

온통 허위로 가득한 세상 속에서 자신이 틀렸다는 것을 알기도 쉽지 않다.
그러므로 허위가 아닌 것들을 찾아, 그들을 천천히 보면서
자신의 허위를 발견해야 한다. 이 또한 쉽지 않다.
그리고 그보다 더 어려운 것은, 그것을 스스로 인정하는 일이다.
모름을 인정하면 마치 생이 무너지는 것으로 오인하고 있기 때문이다.

우리가 도약할 수 있는 비방은 지금까지의 지식을 모두 잊는 것이다. 그러면 어디선가 새로운 존재가 드러난다.

우리는 존재를 벗어날 수 있는가.

113. 존재는 무엇을 통하여 인식되는가

존재를 인식하기 위해서는 감각적 경험이 필요하다.
본 것, 들은 것, 만진 것이 진실에 가깝기 때문이다.

우리는 이를 조금 자랑스럽게 이야기하지만, 이것이 진리에의 접근을 방해한다.
착각하기 쉬운 거짓이다.

우리가 본 것은 보통, 우리가 보고 싶은 것을 본 것일 뿐이다.
이는 누군가 열 명이 [나]에 대하여 이야기하여도
그것들이 [나]에 대하여 [진실을 이야기하고 있지 않은] 이유이다.

존재에 대한 인식은, 내가 본 것이 아니라
존재가 이야기하는 것이어야 한다.
이를 모르면 진실로부터 자꾸 멀어진다.

세상의 중심은 [나]이지만, 감각적 나는 아니다.
우리가 무엇을 그리도 잘 알겠는가.
존재는 감각이 아니라, 존재 자체와의 교감을 통해서 인식된다.
붉은 장미가 감각되지 않으면, 우리에게 어떻게 인식되는가.
태어날 때부터 시각이 없는 자에게 붉은 장미의 [붉음]이 거짓이듯
그 향기, 그 부드러움, 모두 의미 없는 거짓이다.
이렇게, 육체로 감각한 것을 존재에 대한 인식으로 오인한다.
우리는 자꾸 거짓말쟁이가 되어 가기 쉽다.

내 감각과 생각이 아닌, 존재가 하는 말을 차분히 들으면, 지금까지와는 전혀 다른 숨겨진 세상이 드러난다.

우리는 존재를 벗어날 수 있는가.

114. 우리는 존재를 버릴 용기가 있는가

존재를 잃으면 가지고 있는 모든 것을 잃는다.
무슨 수를 써서라도 존재만큼은 가능한 보존해야 한다.

그것이 굴욕의 시간도, 그만한 가치가 충분히 있다고 생각하게 한다.
물론, 거짓이다.

모든 일에는 때가 있다.
존재를 버리는 일도 마찬가지이다.
때가 되면, 버리는 것이 더 많이 잃지 않는 방법이다.

처음부터 갖지 않았더라면 버리는 어려움도 없었을 것이다.
그러나 이미 가졌다면 하루하루 조금씩 버리는 것이 좋다.

더 이상 버릴 것이 없다면, 비로소 용기를 가질 수 있다.
용기 있는 자만이 진실을 소유하고, 말할 수 있다.
그렇지 않다면 아무리 이야기해도, 어차피 사람들은 믿어 주지 않는다.
존재를 잃는다고 모든 것을 잃는 것은 아니다. 그렇게 두려워할 것 없다.
존재만 버리면 세상은 갑자기 변한다.

비겁한 이유는 존재 때문이다. 어쩔 수 없는 부분도 있지만, 그래도 최선을 다해 그에게서 벗어나려는 삶을 권한다.

우리는 존재를 벗어날 수 있는가.

115. 존재는 우리에게 무엇을 주는가

존재는 모든 것을 줄 것이다. 우리는 그렇게 기대한다.
영원으로 이어지는 존재는 우리 삶을 화려하게 장식해 줄 것이다.

그러나 이 모든 것이 어느 날, 작은 바람(風)으로 무너져 내린다.
오래된 거짓이다.

우리에게 평온을 주는 것은 존재가 아니다.
존재는 무력하다.
모든 실존적 힘은 시간에 무방비이다.
그것은 우리 이미 알고 있지 않은가.

평온은 존재와 존재를 연결하는 따뜻한 마음에 기인한다.
따뜻함은 세상의 차가움을 뚫고 우리에게 진실을 전한다.

사람들을 움직이고 세상을 감동하게 하는 것은 따뜻한 마음뿐이다.
지금은 슬프고 비참하더라도 그것을 잃지 않는다면
세상 누구보다도 사람들을 움직일 힘을 가질 수 있다.
그 슬픔이 깊을수록, 그 따뜻함은 더욱 강력한 힘으로
자신과 사람들을 움직일 것이다.

진실은 따뜻함이다. 누군가의 말이 차갑다면 그것은 진실이 아니다. 존재도 우리에게 정다움을 준다.

우리는 존재를 벗어날 수 있는가.

116. 존재는 불변인가 항변인가

존재의 가치는 그 불변성에 있다.
변하지 않음의 매력이 우리 인생을 관통한다.

그러나 실제로 우리는 하루도 변하지 않고 지나가는 날이 없다.
터무니없는 오류이다.

존재는 원래 변하는 것이다.
불변이라면 그것은 존재가 아니라, 관념일 뿐이다.
우리는 관념 속에서 사는 것이 아니라 실존 속에서 움직이고 있다.

항변(恒變) 속에 존재의 비밀이 숨어 있다.
가장하고 있는지 모르지만, 우리는 이미 스스로 변화하고 있다.

고상하고 안락한 모습을 꿈에 그리고 있다면
지금, 비천하고 힘에 겨운 자신을 각오해야 한다.
깨끗한 그릇은 그것을 씻기 위한 더러움을 각오해야 얻을 수 있다.
희생 없이 깨끗한 그릇을 원한다면
자신을 사기꾼이나 멍청이라고 생각하면 된다.
우리는 매일 더러워지고 매일 깨끗해진다.
[변치 않음]을 자랑했다면, 하루빨리 생각을 바꾸어야 할 것이다.
변하지 않으면, 곧 독선적 바보가 될 것이다.

감정도, 생각도, 철학도 변한다. 같은 생각을 오랫동안 견지하는 작가의 책은 한 권으로 충분하다.

우리는 존재를 벗어날 수 있는가.

117. 존재는 가능인가 억압인가

존재는 우리에게 무한한 가능성을 준다.
그 [가능함] 속에서 즐겁기도, 희망을 품기도 한다.

그러나 바로 그 [가능함]이 우리를 억압한다. 이를 아는 데, 오래 걸리지 않는다.
보통, 불혹까지의 거짓이다.

대지 위에서 자유롭게 거닐고 있는 우리는
그 대지가 바로, 우리의 자유를 억압함을 잘 알지 못한다.

**영원히 지표면을 자유롭게 떠돌 수는 있겠지만
우리는 결국 그곳을 벗어날 수 없다.**

존재도 동일하다.
존재 속에서 자유를 찾으면 결국 그 속에 갇힌다.
몇 번이라도 말하겠지만
하루빨리, 무거운 존재에서 벗어나는 것 외에는
자유롭기 위한 다른 대안이 없다.

존재는 너무도 변덕스럽고 시간 제한적이다. [가능]을 달성도 하기 전에 새로운 [가능]을 원한다.

145

우리는 존재를 벗어날 수 있는가.

118. 존재는 누가 창조하는가

존재의 탄생은 우리 힘의 영역 밖이다.
내 의지와 무관하게 나는 탄생하고, 타자 또한 탄생한다.

이는 영원히 넘지 못할 운명이라고 생각할 수밖에 없다.
하지만 꼭 그렇지만은 않다. 거짓일 수도 있다.

내 존재는 내가 탄생시키는 것이며
타자의 존재 또한 내가 탄생시키는 것이다.
다정한 친구, 존경스런 스승, 고마운 부모, 사랑스러운 아이, 정다운 사람.
수식이 붙는 존재는 모두 우리가 탄생시킨 것이다.
수식이 붙지 않는 존재는 어차피 우리에게 별 의미 없다.

그들을, 우리 마음대로 탄생시키기도 하고 죽이기도 한다.
우리 또한 누군가에 의해 그렇게 탄생하고 죽임을 당할 것이다.

만일 내 존재를 내 손처럼 마음대로 할 수 있다면 이 세상은 달라질 것이다.
그것을 마음대로 할 수 없게 하는 것은 다름 아닌 내 마음이다.
그것을 잘 다스리면, 타자는 스스로 무릎을 꿇을 것이고
반대로 타자부터 다스리려 한다면, 결국 무릎 꿇는 것은 자신일 것이다.
내가 만든 타자를 굳이 무릎 꿇릴 필요도 없다.

우리는 신이 했던 것과 크게 다르지 않은 창조를 매일 지속하고 있다.

우리는 존재를 벗어날 수 있는가.

119. 존재는 불행의 근원인가, 행복의 근원인가

어떤 날, 존재의 불행을 원망하고, 다른 날, 그 불행을 예고한다.
시간이 지나면 존재는 결국 불행의 원인이라고 생각할 수밖에 없다.

그러나 행복을 불러오고 불행을 제거해 주는 것도 존재이다.
자꾸, 존재를 불행과 연관시키는 것은 오래된 거짓이다.

존재를 축복의 원인으로 생각할 수 없지만
존재를 불행의 원인이라고 생각할 필요도 없다.

우리 존재는 보고 듣고 감각하는 기능을 가진 고깃덩어리일 뿐이다.
고깃덩어리가 보여 주고 들려주기까지 한다면, 대단한 축복이지 않은가.

인간의 통합 사유는 대부분의 물적 존재에서 불가능한, 굉장한 일이다.
존재로부터 많은 것을 바라지만 않는다면
존재는 삶의 최대 축복이 될 것이다.
그러나 존재를 통해 너무 많은 것을 탐욕스럽게 성취하려 한다면
그 고깃덩어리는 불행의 원인이 된다.
바람의 대소로, 행복과 불행은 의외로 간단히 변화되고 또 결정된다.
수도승이나 사제 같은 극단적 절제가 아니더라도, 조금으로 충분하다.

무언가 큰 것을 이룰 수도 있지만 그렇지 않다고 풀 죽을 필요 없다. 단언컨대 둘은 별 차이가 없다. 얼굴 들어도 된다.

우리는 존재를 벗어날 수 있는가.

120. 우리는 실제 존재의 이야기를 듣는가

우리는 존재와 항상 대화하고 있다.
잠들 때까지 끊임없이 그와 교감한다.

우리는 그와 완전한 동일체라고 생각하고, 또 확신하기도 했다.
그러나 거짓이었다.

내가 대화한 것은 내 존재가 아니라, 타자에게 보이기 위한 자아이다.
열심히 지식을 탐구하고, 명예와 부를 축적하려 하지만
이 모든 것이 [나]를 위한 것으로는 생각하기 힘들다.

우리가 하는 일은 대부분, [그럴듯한 나]를 위한 것들뿐이다.
그냥 [나]를 위한다면 그렇게 힘들게 할 것 없기 때문이다.

일이 아주 힘들다면 그것은 이미 [나]를 희생하는 것이다.
[그럴듯한 나]는 결국 [나]를 위해 아무것도 해 주지 않는다.
[나]는 한순간의 존재가 아니라 그것이 허락하는 모든 시간 구간을 포함한다.
그 시간을 모두, 하나하나 소중하게 만들어 주는 것이
[나]를 위한 유일한 방법이다.
미래를 위해 현재를 희생하는 [도덕적인] 버릇이 들면
결국 죽음을 위해 자신의 모든 것을 희생할 것이다.
그리고 어느 날, 초라한 자신을 발견할 것이다.

그럴듯한 우리를 만들기 위해서는 존재의 소리에 귀를 막아야 한다. 그는 그럴듯한 것을 좋아하지 않는다.

우리는 존재를 벗어날 수 있는가.

Ⅷ장. 진리에 대한 거짓말

우리 삶은 대부분 선택 받으려 산다.

죽는 순간까지 신에게 선택 받으려 기도한다.

- 즐거운 여름밤 서늘한 바람이 알려주는 것들, p 346 -

우리는 왜 진리에 접근하지 못하는가

타자(他者)에 대한 호의가 지속되는 시간은 의외로 짧다.
시간이 지나면 은폐가 불가능해지기 때문이다.
- 감성 노트, p148-

121. 진리는 언제 우리에게 다가오는가

진리를 발견하기 위해서는 젊은 시절 대부분이 필요하다.
그러나 어느 때는 눈길 한 번으로 찾아와, 우리를 자유롭게 해 줄 것이다.

그러나 결국 진리는 아무리 기다려도 어디서도 발견되지 않는다.
오래된 거짓이다.

하루 한 가지 진리를 발견해
36,500가지 진리를 안다고 해도 우리는 자유로울 수 없다.
진리는 하루 아침 깨달음에 의해 얻어지는 것이 아니라
그것을 하나씩 행함에 의해 눈사람처럼 쌓아가는 것이다.

**진리를 행함은 평등으로 수렴되며
결국, 평등이 우리를 자유롭게 할 것이다.**

평등에 반하는 것은 진리가 아니다.
진리를 새롭게 발견하려 애쓸 것 없다.
이미 알고 있는 진리도 행하기 벅차고
그 행함을 통해 새로운 진리가 끊임없이 눈앞에 펼쳐질 것이기 때문이다.

우리가 이미 알고 있는 진리 말고, 다른 진리는 거의 없다. 그는 이미 우리 앞에 있다.

우리는 왜 진리에 접근하지 못하는가

122. 진리는 어디에 머물고 있는가

진리는 우리 이성의 세계 안에 있다.
이성을 잘 제어하면, 진리는 우리의 것이다.

그러나 이성이 우리 통제하에 있는 것도 아니고
진리를 받아들이기에 그 공간도 너무 좁다.
이성의 힘을 믿었던 것은 착각이었다.

이성으로 진리를 다스리려 하는 것은 거만하고 무모한 일이다.
이성은 인간의 것이고, 진리는 신의 것이기 때문이다.
인간 일반 가장 좁은 공간인 이성에 진리를 담아 두기는 불가능하다.
진리는 계속 변화하면서, 우리 사유 속, [존재, 의지, 인식]을 자극한다.

[존재, 의지, 인식]이 이루는 통합사유공간에는
무한한 진리를 자유롭게 담아 놓을 수 있다.

우리 통합사유공간은 충분한 여유가 있다.
아무튼, 진리를 우리의 마음대로 하려는 허영은 버리고
그의 말을 받아들이려는 겸손한 고개 숙임만이
그를 우리 마음속에 잠시라도 머물게 할 수 있다.
결국, 젊음의 수용성은 그를 조금 너그럽게 하여
그 모습을 드러내게 할 것이다.

논리적 생각 속에서 진리를 찾으려고 하면, 우리 논리 한계를 넘는 부분에서 진리는 붕괴한다. 그런데 대부분이 그렇다.

우리는 왜 진리에 접근하지 못하는가

123. 진리는 무엇으로 판단하는가

진리는 언제나 동일한 양태를 보여야 한다.
그렇지 않으면 끊임없는 혼란을 야기할 것이다.

그러나 동일한 모습을 보이는 진리는 매우 제한적이라, 오히려 진리라 말하기 어렵다.
혼동하기 쉬운 거짓이다.

진리는 다양한 양태를 보여야 한다.
편안한 무욕의 모습도 보여야 하고
사람들을 이해시키기 위한 초조한 구함의 모습도 가끔 보여야 한다.
어느 겨울 하얀 눈꽃, 봄날 분홍 벚꽃, 여름 푸른 바람, 가을 붉은 서리.
이 모든 것이 우리 큰 산의 모습이다.

겨우 여름 산만을 아는 어리석은 자는
하얀 눈꽃을 머금은 설산을 이야기하면
여름 산과 다르다고 비웃을 것이다.

그 비웃음에 마음 쓸 것 없다.
끊임없이 다양한 모습을 보일수록 진리에 가깝다.
오히려 그것이 진리 판단 기준이다.

진리는 다양성이다. 우리 피조물의 수만큼 진리는 다르게 실존한다.

우리는 왜 진리에 접근하지 못하는가

124. 진리는 왜 침묵하는가

진리는 다정하게 항상 말을 걸어 줄 것이다.
진리가 침묵하면 삶이 무너져 버리기 때문이다.

그러나 그는 대부분의 경우 침묵했고, 필요한 시기를 맞추지 못하거나
우리의 생각과 달랐다. 진리를 너무 믿지 않는 것이 좋다.
거짓이 많기 때문이다.

우리가 기대하는 진리는 많은 부분 거짓말이거나 침묵한다.
항상, 우리 편도 아니다.
그러므로 진리가 우리 편에 서는 것을 기다리는 것이 아니라,
우리가 그를 쟁취해야 한다.

옳고 선하고 아름다운 것들이 우리 삶에 가득하도록,
자유와 평등의 억압자에 끊임없이 투쟁하여 쟁취해 나가야 한다.

누구도 진리의 결과물을 그냥 주지 않는다.
진리의 관대함을 바라지 않는 것이 좋다.
진리는 투쟁하여 얻었을 때만, 침묵을 깨뜨리고 우리 편에 선다.

진리는 우리에게 자유와 평등을 주는 것이다. 그것을 목적하지 않으면 그는 항상 침묵한다. 진리는 우리 하기 달렸다.

우리는 왜 진리에 접근하지 못하는가

125. 진리는 정말 유익한가

진리는 절대다수에게 유익을 주는 것이다.
유익하지 않은 것은 진리의 자격이 없다.

그러나 대부분의 진리는 세상사의 유무익을 선택하라면 무익에 가깝다.
착각이었다.

진리는 득실의 피안에 있는 것이다.
만유인력으로 우리는 균형을 이룰 수 있지만
어떤 조건에서는 균형을 파괴하는 동인으로 작용한다.
[1+1=2]라는 명제는 선에도 악에도 모두 적용된다.
세상에는 유용한 지식으로 넘쳐 난다.
병을 고치기 위한 치료 약, 높은 빌딩을 짓기 위한 건축 설계 방법.

유용한 지식이 진리를 압도한다.
말 그대로, 유용하기 때문이다. 그러나 그들은 유용할 뿐이다.
우리에게 옳음, 선함, 아름다움을 알려 주지는 않는다.

유용한 공학적 지식, 경제학적 지식, 심리학적 지식이 진리를 몰아낸다.
유용성 중심의 세상이 바로 잡히지 않으면
유용함의 모래 속에서, 우리 생은 쉽게 붕괴할 것이다.
그 유용함이 정말로 쓸모있지는 않기 때문이다.

진리는 비록 하나도 유익하지 않아도 함께하면 즐거운 친구 같다.

우리는 왜 진리에 접근하지 못하는가

126. 진리는 어려운 것인가, 쉬운 것인가

진리는 분명, 도달하기 어려운 곳에 숨어있음이 틀림없다.
만일 찾기 쉬웠다면 우리 모두 진리를 체득했을 것이기 때문이다.

그러나 우리 인간 같은 피조물에게만 진리가 존재하는 것은 아니다.
진리의 난해함은 무언가 오해 또는 거짓이다.

진리를 인간 중심으로 생각하는 것은 오래된 착각이다.
진리는 복잡한 논리를 거쳐 도달하는 이성적 결론이 아니다.

밤이 지나면 아침이 오고,
추운 계절이 지나면 따뜻한 계절이 온다는 것,
태어난 생명은 죽음을 맞이한다는 것,
작은 풀벌레조차 알 수 있는 것이 진리이다.

도덕과 정의와 같은 복잡하고 난해한 것들은 그리 중요하지 않다.
사실 어떻게 되어도 좋다. 교만한 인간의 지식 자랑일 뿐이다.
이제 복잡한 생각은 그만두기를 권한다.
어렵고 복잡한 그러나 눈앞의 편리함과 이익을 위한
사람 중심의 학문과 세상은 이미 너무 많은 것을 엉망으로 만들어 놓았다.

진리는 사람 중심이 아니다. 철학자 중심은 더욱 아니다. 어려우면 진리가 아니다.

우리는 왜 진리에 접근하지 못하는가

127. 진리는 항상성을 지니는가

진리는 옳고 그름을 떠나, 누구에게나 항상 같은 것을 말한다.
동일성마저 흔들리면 그 정의는 물론, 그 의미까지 흔들릴 것이다.

그러나 시간은 진리가 송두리째 자신의 모습을 달리하는 것을 보여준다.
진리는 정의되기조차 어려운 혼돈의 사유체와 같다.
동일성은 우리의 바람일 뿐, 오해이다.

진리는 존재 [나]를 중심으로 무력하게 구성된다.
인간적 진리는 개별적이다.
만유인력에 의한 중력조차 다른 행성에 의해 그 힘의 방향을 바꾼다.
내 생각과 타자 생각의 진위는 누구도 판단할 수 없다.
내게 아름다운 것이 타자에게 혐오스러우며
내게 옳은 것이 타자에게는 그렇지 않다.

모두, 개별적 세계에 합당한 진리를 가지고 있다.
그러므로 개별적 진리 속에서 우리 모두 평등하다.

조금이라도 자신의 우월함을 마음속에서 느낀다면
인정하기 힘들겠지만, 아직 미숙한 정신의 소유자로 생각하면 된다.
진리의 개별성을 이해하지 못했기 때문이다.

진리는 동일성을 배척하지만, 개별적 질서를 존중하는 항상성은 유지한다.

우리는 왜 진리에 접근하지 못하는가

128. 진리 탐구는 특별한 것을 주는가

오랫동안 탐구와 노력으로 진리에 접근한 자는 특별한 모습을 보인다.
옳고 그름, 선과 악, 아름다움과 추함을 알고 있어 현명함이 드러난다.

그러나 현명하고 특별한 모습을 보이는 자들은 대부분 사기꾼이다.
그 특별한 모습도 허위이다.
진리를 통한 특별함에의 기대는 오류이다.

우리는 모두 자신을 특별하다고 생각한다.
어릴 때, 부모로부터 대부분 그렇게 대우받았기 때문이다.
자신의 특별성과 그에 따른 자존감은 쉽게 무너지지 않는다.

**진리에 접근한 자의 조금 다른 모습이라면
특별함을 보이지 않는다는 것이다.**

그는 자신이 자랑할 만한 특별한 어떤 것도 가지지 않았다는 평범함을
작위적이지 않게 무심히 행동으로 드러낸다.
그들을 알아보기는 어려울 수도 있지만, 반대로 쉬울 수도 있다.
이 방법으로 자신의 진리에의 상태도 판단 가능하다.

진리는 특별한 아무것도 주지 않는데, 사람들이 왜 그곳에 가려고 하는지 모르겠다.

우리는 왜 진리에 접근하지 못하는가

129. 진리는 어떻게 전달되는가

진리가 전해지지 않는다면, 질서 있는 삶은 유지되지 않을 것이다.
이렇게 진리는 타자에게 표현되고 전달되어 영속된다.

그러나 실제, 어떤 철학자의 책에서도 진리는 표현되거나 발견되지 않는다.
우리가 알고 있는 것은 오래된 거짓이다.

진리를 말하겠다고 하는 자들의 이야기는 대부분 거짓이다.
진리는 말해질 수 있는 것이 아니기 때문이다.
좀 더 정확한 표현을 쓴다면, 표현될 수 있는 진리는 없다.
표현할 수 없는 진리를 이야기하겠다는 것은
지금 내가 먹은 사과의 맛을 이야기하는 것과 다르지 않다.
위대한 철학자, 선지자들이 진리를 이야기하지 않는 이유는
말로 할 수 있는 진리가 처음부터 없었기 때문이다.

진리는 특별히 존재해서, 그것이 타자에게 전수되는 것이 아니라,
지금 우리가 모두, 발견하고 재창조하는 것이다.
오래된 책에서 말한 대로, [두드리는 자]에게만 열릴 것이다.

진리는 존재 사이를 이동할 수 없다.
자신이 진리를 발견했고 그것이 무엇인지를 이야기한다는
철학자나 시인이 있다면, 그들의 책은 일찍 덮어 버리는 것이 좋다.

내가 지금 먹은 사과의 맛은 시큼하다. 그러나 사과는 무수히 많고, 사람들의 서로 다른 미각도 무수히 많다.

우리는 왜 진리에 접근하지 못하는가

130. 진리에 이르지 못하게 하는 것들 - 1

진리는 험난하고 먼 곳에 있기는 하지만, 도달할 수 없는 곳은 아니다.
가지 못하는 것은 가려고 하지 않기 때문이다.
가려고만 한다면 우리 모두 그곳에 도달할 수 있다.

우리가 아는 한, 그곳에 도달한 자는 소수이지만 존재한다. 우리도 도달할 수 있다.
그러나 우리 모두, 머물 수 있다고 생각하는 것은 착각이다.

인류의 위대한 사상과 철학을 공부하고
그들의 생각을 종합하여 새로운 삶의 모습을 제시한다.
이는 사명감이 있는 철학자의 일이고
성공적으로 완수한 위대한 사상가 또한 존재한다.
그러나 운이 매우 좋은 경우일 뿐이다.

철학이 진리에 이르는 유일한 길이라고 생각하는 것은 오래된 오해이다.
철학은 탐구하고 생각하는 동안, 진리에 접근할 기회를 제공할 뿐이다.

진리는 철학과 무관하게 우리 삶, 바로 그곳에 항상 펼쳐져 있다.
그럼에도 진리에의 길이 험난한 것은
우리의 존재 [나]에 철옹성처럼 자리 잡은
[욕망과 오만]이라는 괴물이 고비마다 길을 막아서기 때문이다.

우리는 진리에 도달할 수는 있다. 그러나 그곳에 머물기는 힘들다. 오만 때문이다.

우리는 왜 진리에 접근하지 못하는가

131. 진리에 이르지 못하게 하는 것들 - 2

우리의 소중한 철학을 깊이 공부하면, 진리가 눈앞에 어렴풋이 드러날 것이다.
어떤 위대한 철학자의 한 문장은 우리를 진리로 인도해 줄지도 모른다.

그러나 위대한 철학자의 고귀한 지식은
그렇게 되기 어려운 [나]를 고립시킬 뿐이다.
거짓말이다.

우리가 진리에 도달하는 유일한 길은
우리가 선택하는 [나만의 길]뿐이다.

어떤 사람에게 위대한 진리라 하더라도
그것이 문장과 말이 되면 제한적 지식으로 전락한다.

이렇게 위대한 자들의 지식은
우리를 미로 속에 빠뜨려 헤어 나오지 못하도록 한다.
그들은 진리에의 길로 들어서게 하기는커녕
그 지식을 얻는 데만 이 세상 시간을 모두 다 써버리게 한다.
어떤 책이 지식으로 작용하면, 진리에 이르지 못하게 방해할 뿐이다.
만일 책이 지식으로 느껴진다면, 지금 바로 책을 덮는 것이 좋다.
우리는 생각하게 하는 책이 필요하다.

지식은 우리를 미로에 빠뜨린다. 미로를 벗어나려면 자신의 위치에서 높이 올라가는 것이 좋다.

우리는 왜 진리에 접근하지 못하는가

132. 진리에 이르지 못하게 하는 것들 - 3

진리에 도달하려면 과거 위대한 생각과 철학을 부수는 용기가 필요하다.
시대에 따라 변화하는 가치는 그 시대에 다시 만들어야 하기 때문이다.

그러나 그 용기를 오랫동안 유지하는 자는 눈에 잘 띄지 않는다.
그 용기가 거짓이었기 때문인지도 모른다.

한 번의 용기를 내는 것은 누구나 어느 정도 가능하다.
그러나 반복된 억압을 극복하고 계속된 용기를 보이는 자가 있다면
우리는 그에게 머리 숙여야 한다.

**많은 사람에게 자유와 평등을 부여해 주는 진리에의 길이
몇 번의 용기로 끝날 것으로 생각하는 것은 큰 착각이다.**

생을 마치는 순간까지 계속된 용기로
사람들을 [투쟁]으로 끊임없이 선동할 수 있는 자만이
우리만의 진리를 향한 시대 철학을 이끌 수 있는 자이다.

위대한 철학을 계속 부수고 또 부순다. 그리고 자신의 철학도 부순다.

우리는 왜 진리에 접근하지 못하는가

133. 진리에 가깝게 도달한 증거는 무엇인가

진리는 마음 편안함을 그 증거로 한다.
불안함은 잘 알지 못함에 기인하기 때문이다.

그러나 편안함과 우둔함, 편안함과 게으름,
편안함과 고집스러움의 구분이 그렇게 쉽지 않다.
우리 모두, 오류에 빠지지 않기를 희망한다.

우둔함, 게으름, 고집스러움으로부터
잘못 탄생한 [거짓 편안함]으로부터 벗어나는데
젊은 시절을 다 쓰고도 모자란다.
자신의 생각을 제대로 평가해 줄 진리에 가깝게 도달한 자를 만나는 것은
착오를 줄일 수 있는 무엇과도 바꿀 수 없는 행운이다.
우리 모두, 진리에 가깝게 가기를 희망한다.
그러나 자신이 그 능력을 가졌다고 쉽게 생각하지 않는 것이 좋다.

자신이 옳고 그름을 판단할 수 있는 진리에 도달한 듯한 생각이 들면,
이때가 가장 위험한 때이다.
[거짓]을 자랑스럽게 말하고 다닐 것이기 때문이다.

그러므로 자신이 진리에 도달한 듯한 느낌을 가지게 된 때일수록
오랜 기간 침묵이 중요하다.

진리는 편안함이다. 자유와 평등을 조건으로, 옳음, 선함, 아름다움을 갖추기 때문이다. 이것이 증거이다.

우리는 왜 진리에 접근하지 못하는가

134. 진리는 우리에게 어떤 도움이 되는가

진리는 우리에게 세상을 보는 눈과 세상을 유지하기 위한 대안을 제시한다.
이런 유용성이 없다면 우리가 그것을 찾기 위해 그렇게 노력할 이유가 없다.

그러나 아직 세상은 변하지 않았다. 아직 우리가 그곳에 도달하지 못한 것 같다.
우리 기대는 높으나, 아직은 착각인지 거짓인지 알 수 없다.

진리는 집단을 위해 아무것도 하지 않는다.
아니, 아무것도 할 수 없다.
우리가 생각하는 그리고 희망하는 진리를 통한 통치는
기대하지 않는 것이 좋다.
다수 집단과 진리는 양립할 수 없다.

**진리는 도대체 말로 할 수 없는 그 무엇으로
자유와 평등의 기운을 머금도록 하고
타인과 약자에 대해 배려를 가지고 행동하게 한다.**

진리는 도달하고자 하는 목표 또는 목적이 아니다.
그러므로 진리 그 자체는 어떤 역할도 없다.
진리는 우리 각자를 향상시키는 개인적 역할을 가질 수 있을 뿐이다.

진리가 직접 세상을 개선하지는 않는다. 진리는 개별자를 변화시키고, 세상은 그가 변화시킨다.

우리는 왜 진리에 접근하지 못하는가

135. 진리는 무거운가 가벼운가

진리는 회색 하늘처럼 약간은 음울함을 머금고 있다.
진리의 무게에 가볍고 경쾌함은 조금 짓눌리기 때문이다.

그러나 이는 진리를 두려워하는 자들이 몰래 퍼뜨린 음모이거나,
우리 서투른 철학자들의 실수이다.
오래된 거짓이다.

진리는 파란 하늘처럼 밝고 맑다.
이유는 간단하다.

우리 삶의 목표는 경쾌함과 밝음이다.
진리도 그렇지 않으면, 그것을 이룰 수 없다.

자신이 추구하는 진리에서 회색빛 음울함이나,
금속 빛 무거움이 느껴지면 즉시 궤도를 수정해야 한다.
어둡고 주인을 알 수 없는 황금으로 가득한 동굴,
축축함 속에서 정체를 알 수 없는 그림자들과 다투다 보면,
동굴 밖 밝은 연녹색 세상에는 눈 돌릴 틈이 거의 없다.
어쨌든 밝은 것이 좋다.
어둡고 무거운 척하는 자들과는 가까이하지 않는 것이 좋다.
진리는 마치 없는 것처럼, 깃털처럼 가볍다.

인간 일반 삶의 목표와 진리는 일치한다. 이것이 불일치하기 시작하면 삶이 어둡고 무거워진다.

우리는 왜 진리에 접근하지 못하는가

136. 진리는 시간에 따라 불변하는가

**진리는 시간에 따라 변하지 않는 것이다.
쉽게 변한다면, 우리는 진리를 찾아 떠나지도 못할 것이다.**

시간의 본질은 변화이기 때문에, 오랜 시간 후에는 진리를 알아보지 못 할지 모른다.
변하지 않는 것은 진리가 아니다. 오래된 거짓이다.

진리는 하루에도 열두 번씩 변한다.
변하지 않는 물리 법칙을 진리라고 오해하지 않는 것이 좋다.
그것도 변하는 데, 그렇게 오래 걸리지 않는다.
진리가 있고 삶이 있는지, 삶이 있고 진리가 있는지, 그 순서는 중요하지 않다.

**진리를 먼저 찾고 그 진리에 맞추어 살아가던,
삶을 살아가고 그 속에서 진리를 찾던, 다르지 않다.**

그 시간의 전후는 삶을 다르게 하겠지만,
마지막 결과를 다르게 하지는 않을 것이다.
진리를 알면 그에 따라 살고, 모른다면 그것을 아는 사람을 따르면 될 것이다.
문제는 그가 사기꾼인지 아닌지를 판단할 수 있을 지이다.
판단 기준은 다음을 기억해 두면 약간은 유익하다.
[평온함은 진리의 기준이다. 실제로 실험해 그대로가 아니면 그것은 거짓이다.]

진리가 불변이면 우리도 세상도 불변이어야 한다.

우리는 왜 진리에 접근하지 못하는가

137. 진리가 지켜주는 것은 무엇인가

진리는 옳음, 선함, 아름다움, 우리 삶 속 소중한 대부분 것들을 지켜준다.
그리고 가장 중요한 것은 세상이 파괴되는 것을 막아 주는 것이다.

삶은 나빠지지 않았지만, 그렇게 좋아지지도 않았다.
선과 악이 균형을 맞추고 있듯이, 진리도 [반진리]로 균형이 맞추어져 있기 때문이다.
그럴듯한 거짓이었다.

진리가 지켜주는 것은 기본적으로 약자이다.
진리가 삶을 완전하게 하지 못하는 이유가 무엇인지 오랜 의문이다.
신이 우리 모두를 지켜주지 않는 이유가 무엇인지도 의문이다.
그들은 처음부터 그럴 생각이 없는지도 모른다.
삶에는 약자도 강자도, 행운도 불행도, 선도 악도 그냥 있을 뿐이다.

삶은 우연성을 기초로 한다.
이를 통해, 우리 모두의 삶은 감동스러운 소설이 될 수 있다.

진리와 신은 이를 원한다.
삶이 완전해지면 우연성은 사라진다.
진리가 관여하지 않는 이유이다.
한가지 예외가 있다면 그래도 약자를 조금은 더 고려한다는 것이다.

진리가 지켜 주는 것은 우연성이다. 이를 바탕으로 이야기가 전개된다.

우리는 왜 진리에 접근하지 못하는가

138. 진리에 도달하기 위한 마지막 관문은 무엇인가

진리를 통한 삶을 관통하는 혜안을 얻기 위해서는
쉽게 넘기 어려운 마지막 관문을 통과해야 한다.

옳고 그름을 판단할 수 있는 진리에 가깝게 다가간 사람은 적지 않으나
실제로 혜안을 가진 사람들을 만나기는 쉽지 않다.
물론 혜안을 가진 자를 구분할 수 있는 자도 그 눈을 가진 자뿐이다.
그를 만나지 못하는 것은 우리가 아직 그들을 알아볼 능력이 없기 때문일 경우도 많다.
모든 것이 거짓일 수 있다.

절벽에서 손을 놓거나, 백척간두에서 발을 내딛는 것과 같이
어려운 관문을 내걸고, 진리의 혜안을 가늠한다면
실제 위대한 철학자들은 모두 웃음을 참지 못할 것이다.

**철학하는 자를 신통술을 부리는 도인쯤으로 생각하는 것은
흥에 겨운 술꾼들의 뒷이야기일 뿐이다.**

철학 탐구자를 신선과 비교하는 것은 그런대로 유쾌하지만
그것은 그들이 잠시 쉴 때의 이야기이다.
진리를 향한 마지막 관문이나 시험 따위는 없다.
그들은 한걸음, 한걸음으로 세상을 진동시키고
그 걸음으로 세상이 평등하게 바뀌도록 진중하게 나아갈 뿐이다.

진리에 도달하기 위해서 용기가 필요함은 틀림없다. 그러나 더 필요한 것은 절벽이나 백척간두까지 오르는 노력이다.

우리는 왜 진리에 접근하지 못하는가

139. 진리와 존재는 무엇이 더 중요한가

진리와 존재 [나] 중, 하나를 선택하라면 진리를 선택해야 한다.
우리 중, 소수는 존재를 선택하는 자들도 있겠지만
진리를 선택하지 않은 이유와 변명은 그럴듯하게 준비해야 할 것이다.

누구라도 그럴 것이다. 그렇지 않으면 비겁하게 보일지 모르기 때문이다.
하지만, 모두 거짓이다.

그들의 변명은 들을 것도 없다.
그것이 아무리 논리 정연하고 그럴듯한 설득력을 가지고 있더라도
변명이라면 이미 답이 아니기 때문이다.

**존재 [나]를 진리와 비교한다면, 진리는 태산 아래 작은 티끌 같다.
존재 속에는 수많은 작은 진리와 절대 진리가 모두 들어 있기 때문이다.**

진리를 위해 목숨을 내어 놓는 것은 용기가 아니라 어리석음이다.
물론, 진리가 아니라, 존재를 위해서 죽는다면 충분히 인간답다.

진리는 자유를 주고, 존재는 생존을 준다. 진리는 충분한 가치가 있으나, 진리만 가치 있는 것은 아니다.

우리는 왜 진리에 접근하지 못하는가

140. 진리에 도달하는 방법은 무엇인가

진리에는 오랫동안 수고한 자에게만 보이는 비밀의 문이 있다.
그렇지 않다면 오히려 불공평할 것이다.

그러나 오랫동안 철학을 탐구하고, 진리를 향한 노력을 계속 했던 사람이
진리에의 문에 항상 먼저 도착하지는 않는다.
허무한 거짓말이다.

그러나 실망할 필요는 없다.
그렇게 틀리지 않을 수도 있다.

진리의 입구에 쉽게 도착했다면,
진리의 중심에 도착하기까지 오랫동안 수고가 필요할 것이고
어렵게 도착했다면, 도착 후 바로 진리가 눈앞에 보일 것이다.

진리의 문 앞에서, 등에 짊어진 짐의 무게가 다르기 때문이다.
그곳에 서둘러 먼저 도착하는 것보다는
자유와 평등을 위한 행함의 [지속]이 중요하다.
그 결의만 있으면 진리의 문에 도착하는 것은
즐거운 여름밤 서늘한 바람에 맡기면 된다.

진리에 도달하는 방법은 평범하다. 하루하루 모두 다 알고 있는 선함을 행하면, 어느새 그곳에 도착해 있다.

우리는 왜 진리에 접근하지 못하는가

Ⅷ장. 평등에 대한 거짓말

그렇게 현명하지 않은 삶의 아름다움이
눈물 나도록 그리울 때가 그리 멀지 않다.
- 즐거운 여름밤 서늘한 바람이 알려주는 것들, p69 -

우리는 왜 평등하지 못한가

자신이 옳고, 상대방은 그르다고 생각하는 것은 당연하다.
하지만 대부분의 경우, 그 확률은 반반이다.
- 감성 노트, p158-

141. 평등은 우리에게 이익인가 손해인가

평등은 그것을 누릴 가치가 있는 자에 국한한다.
모두가 평등하다면 손해 보는 사람이 있기 때문이다.

그러나 그 손해를 감수하지 않는 한,
평등과 그것에 의한 자유로움은 영원히 불가능하다.
제한적 평등 논리는 어리석은 오류이다.

평등의 의미가 하나의 선(線)에의 수렴은 아니다.
평등의 범위를 정해 놓고, 일정 부분 차이는 필요하다.
물론, 모두가 그것을 인정하고, 그것이 차이라고 느껴지지 않는 범위 한에서이다.
우월적 지위에 있다면 그것을 유지하고 싶겠지만
그것은 본인에 한해, 일부만 국한해야 한다.
그 특권을 증여하고 싶겠지만 하나밖에 모르는 얕은 생각이다.

사랑하는 사람들이 오랫동안 자유롭고 평등한 삶을 유지하려면,
특권의 증여가 불가능하게 되었을 때, 비로소 가능하다.

타자가 자유로워야 자신도 자유로울 수 있다.
이는 역사적 예가 적지 않음에도
우리는 기억력이 그렇게 좋지 않은 것 같다.
생각을 잘 바꾸려 하지 않는다.

평등은 당장은 이익일 수도 손해일 수도 있으나, 한 세대만 지나면 모두에게 이익이 될 것이다.

우리는 왜 평등하지 못한가

142. 평등은 자유정신을 억압하는가

평등은 인간 자유정신을 억압할 것이다.
우리가 자기 것으로 돌아오지 않을 일에 최선을 다할 리 없다.

그러나 그것은 인간을 탓할 일이지 평등을 탓할 일이 아니다.
오래된 거짓이다.

평등의 부작용은 너무 과장되었다.
자본주의는 평등과 자유정신 억압을 억지로 관계 지웠다.

평등은 자유정신을 오히려 북돋는다.
아무런 대가가 없을 때, 우리는 더욱 희생적이다.

평등의 부작용을 크게 부각하고 싶은 사람들도 분명 있다.
그들은 억지로 역사의 오류를 마음대로 해석한다.
우리는 모두 삶의 리더이기를 바란다.
리더는 자유정신을 가지고 삶을 살아갈 수 있기 때문이다.
진정한 리더는 그 대가를 바라지 않는다.
우리 모두가 삶의 공동 리더가 되는 세상을 이루기 위해서,
여러 힘 있는 자들이 방해하더라도,
평등이 최선의 대안임을 부정해서도, 잊어서도 안 될 일이다.

자유로우려면 같이 즐거워해 줄 사람이 필요하다. 평등이 자유의 조건인 첫 번째 이유이다.

우리는 왜 평등하지 못한가

143. 평등의 대상은 어디까지인가

진리, 평등은 인간 중심이다.
다른 피조물은 신이 고려할 사항이다.

평등이 진리로서 완성되기 어려운 이유이다.
평등이 인간만의 것이라는 것은 오래된 착각이다.

물론, 인간이 아닌 피조물을
인간과 동일하게 생각해야 하는 것은 아니다.

그들이 창조주로부터 받은 자유를 억압하지 않아야 한다.
이를 위해서 우리는 많은 것을 포기해야 할지도 모른다.

그러나 한 세대가 가기 전, 그 풍요로운 결실이 우리에게 돌아올 것이다.
반대로 이를 간과하면 오래지 않아, 선택이 아닌, 강제가 될 것이다.
이제 문명을 앞세운 풍요로의 전진을 멈추고, 뒤를 돌아보아야 할 때이다.
뒤에는 고통 속에서 신음하는 피조물이 너무도 많다.

평등을 인간으로 제한하면, 그것은 신과 관계없는 인간의 일이 된다.

우리는 왜 평등하지 못한가

144. 평등한 우리는 행복한가

평등은 우리에게 행복을 줄 것이다.
불행의 근원은 불평등이기 때문이다.

그러나 단순히 평등에서 오는 행복감은 오래 지속되지 않는다.
평등을 깨고 자신을 앞세움에 의한 행복감이 더욱 강렬하기 때문이다.
평등과 행복을 연결하는 것은 오류이다

평등의 가치는 자유이다.
그러므로 자유가 억압된 평등은 의미가 없다.
독재적 사회주의나 억압적 공산주의는 평등을 미끼로 하는 최악의 사기이다.
평등이 행복을 준다는 것은 착시 현상일 뿐이다.
감옥 속의 평등이 어떤 것일지는 잘 알고 있는 바와 같다.

우리는 힘 있는 자들이 선심 쓰는 평등을 원하지 않는다.
우리가 원하는 것은 거의 모든 것이 완전히 동일한 평등이다.

우리가 무엇을 탐구해야 하는지, 무엇을 원해야 하는지
무엇을 위해 투쟁해야 하는지 잊지 말 일이다.

작은 차이를 인정하면 불평등을 인정하는 셈이다. 저항이 있어도 양보는 안 된다. 모두가 행복하기 위한 길이다.

우리는 왜 평등하지 못한가

145. 평등은 어떻게 유지되는가

평등은, 다른 어떤 것이 희생되더라도, 모두가 같은 것을 의미한다.
모두 같음은 우리에게 위안을 준다.

그러나 이와 같은 [모두 같음]은 그야말로 위안만 줄 뿐이다.
[모두 같음]을 평등으로 인식하는 것은 오해이다.

우리가 생각하는 평등은
자신의 능력에 합당한 보상을 가지는 것을 의미한다.
능력은 신이 정하는 것과 노력으로 정해지는 것의 총합이다.

더 열심히 일하는 자가 더 많이 가지는 것이 평등이다.
이 원리가 지켜지지 않는다면 평등의 정의에 위배된다.

그러나 그 이상도 이하도 아니다.
물론, 자신의 것은 자신의 것으로만 끝난다.
평등을 유지하기 위해 해야 할 것들이 그렇게 많은 것은 아니다.
과도한 불평등만 제거하면 된다.

[모두 같음]이 좋지만은 않다. 우리 과시욕을 만족시켜줄 수 없기 때문이다. 과도하지만 않으면 약간은 봐 줄 만하다.

우리는 왜 평등하지 못한가

146. 평등을 바라는 자와 바라지 않는 자

평등은 일부에게 손해 또는 희생을 강요한다.
평등을 모든 사람이 좋아하는 것은 아니다.

그러나 조금 지나면, 손해보다 훨씬 많은 이익이 있다.
희생은 착각이다.

평등을 통해 이익을 보는 자는 평등을 원하고
손해를 보는 자는 바라지 않는다.
이 논리로, 평등의 가치를 [약자의 이기주의적 욕망]쯤으로
그 의미를 흐릴 수도 있다.

누군가는 평등을 계산적 행동으로 폄하한다.
평등을 통해 손해 본다고 생각하는 자들이 그들 편이다.

평등을 싫어하는 것은 소수이지만, 주로 힘 있는 자들이다.
그들, 손해 보기 싫은 자들의 연합은 평등을 잠시 나락으로 떨어뜨린다.
하지만 미혹의 안개가 걷히면, 그들도 곧 평등을 간절히 원할 것이다.
시간이 해결해 줄 것이다. 크게 신경 쓸 일은 아니다.

평등은 자유에 이어 제2의 진리 조건이다. 그것을 폄하해 봐야 자신의 무지만 들어낼 뿐이다.

우리는 왜 평등하지 못한가

147. 평등을 향한 허영심 -1

평등한 세상을 만들기 위해 많은 사람이 노력한다.
그리고 실제 그들의 노력만큼 평등도 실현된다.

그러나 모든 사람이 평등한 세상은 오히려 우리가 원하지 않았고, 가능하지도 않았다.
허영심에 가득한 착각이었다.

사랑받음은 보통 한쪽으로 기우는 것이 유지하기가 조금 더 쉽다.
만일 사랑하는 두 남녀가 서로 사랑받으려고만 하면 그 결말은 절망적이다.
평등도 비슷해서 조금이라도 자신이 더 많은 것을 대우받으려는 자와
그것을 인정하고 조금 손해 보는 자가 있어야 다툼이 적다.
정말 똑같은 것을 평등이라고 생각한다면 그것은 허영이다.

불평등에는 조건이 있는데,
그것은 그 차이가 서로 인정할 수 있을 정도이어야 한다는 것이다.

이를 위해서는 조금 더 대우를 받는 자가
그렇지 못한 자를 보이지 않게 계속 배려해야 한다.
이 배려가 적절하게 이루어지지 않는다면
처음에 인정했던 작은 불평등도 큰 다툼으로 번질 것이다.

완전한 평등은 분명, 약자의 허영이다. 하지만 불평등 또한 분명, 강자의 허영이다.

우리는 왜 평등하지 못한가

148. 평등을 향한 허영심 -2

우리가 평등을 양보하는 일은 없을 것이다.
평등은 자유와 함께, 우리 삶을 유지시키는 최대의 가치이다.

그렇다. 평등이 무너지면 대부분의 진리가 붕괴한다.
그러나 의외로 사람들은 평등에 대하여 둔감하다.
정신적 사기꾼들에 오랫동안 속아 왔기 때문이다.

허영적 가짜 평등도 때로는 존재한다.
누군가 실제로 대부분 권리를 독점하면서
그 부스러기를 나누어 주고 사람들의 허영심을 만족시켜 주는 방법이다.
이 방법은 의외로 효과가 있다.

**우리 중 상당수는 권력과 부의 부스러기를 잡고
자신이 평등하다고 생각한다.**

우리가 허영심에 가득한 가짜 부스러기 평등을 가지고 있는지의 증거는
그것 없이도 평등을 느끼는지 여부로 판단하면 된다.
허영적 평등은 그 부스러기가 없다면 초라함이 밀려올 것이다.
허영심은 원래 있지도 않은 상류 계층을 마음대로 만든다.
허영심을 이용한 장사가 잘 되는 이유이다.

평등은 타자의 것이 필요 없는 상태이다. 타자의 것을 받아야 만족스럽다면 이미 평등이 깨진 상태이다.

우리는 왜 평등하지 못한가

149. 우리는 평등을 누구에게 양보할 수 있는가

존경할 만한 인물이 있다면, 우리는 평등을 양보할 수 있다.
물론 그런 자를 쉽게 만나기 어렵기는 하다.

그러나 우리는 자신과 비슷한 사람에게는 쉽게 평등을 양보하지 않는다.
사람들은 절대 너그럽지 않다.
너그러운 양보는 그럴듯한 거짓말일 뿐이다.

존경할 만한 인물의 특징은
자신의 권리를 아무 대가 없이 타자에게 양보한다는 것이다.
능력이 아무리 뛰어나더라도
희생과 양보가 함께하지 않으면 사람들은 존경하지 않는다.

존경할 만한 인물은 이미 자신의 권리를 포기한 자이고
이를 간파한 사람들이 그에게 평등을 양보한 것이다.

그러므로 존경스러운 인물은
평등했다면 이미 돌려받았어야 마땅한 것들을 저축한 사람이다.
우리는 평등을 양보한 것이 아니라, 이미 받은 것을 돌려주는 것일 뿐이다.

평등을 기꺼이 양보할 만한 자가 많은 집단은 오랫동안 더욱 평등해 질 것이다.

우리는 왜 평등하지 못한가

150. 우리에게 평등을 가르치는 자가 있는가

평등은 어릴 때, 부모에게 교육받는 것이 거의 전부이다.
우리 경쟁 사회에서는 누구도 가르쳐 주지 않는다.

그러나 태생적으로 그들이 평등을 가르칠 자격이 있는지는 의문이다.
거짓을 교육하고 있는지 모른다.

우리에게 평등을 가르치는 자가 거의 없다.
가르칠 자를 가르칠 자도 없다.

모든 것을 평등하게 보고, 생각하는 아이들에게
우리가 교육하는 것은 불평등을 야기하는 이기심뿐이다.

형편없는 평등 교육을 시키는 것은 우리의 부모도 교사도 크게 다르지 않다.
결국, 우리는 아주 어릴 때 가지고 있던 평등을 다시 깨우쳐야 하는데,
대부분 오랫동안 불가능하고 그런 생각을 가지게 하기도 어렵다.
우리는 일정 기간, 아이들 양육을 스스로 포기하고
평등을 교육할 수 있는 전문 교육철학자에게
교육을 맡기는 것이 나을지 모른다.
그들이 잘해 줄지는 의문이다.

우리가 평등의 중요성을 교육하고, 그것에 대하여 토론해 본 적이 있기는 한가.

우리는 왜 평등하지 못한가

151. 평등과 신념은 조화로운가, 상충하는가

평등은 자신에 대한 신념을 지닌 자에 의해 지켜진다.
결의에 찬 확고함이 없으면 평등이 흔들리기 때문이다.

그러나 신념이 확고한 자일수록 평등에서 더욱 멀어져 간다.
자기 생각만 고집하기 때문이다.
신념의 중요성은 평등 관점에서는 거짓인 경우가 많다.

신념이 약한 자일수록 평등한 생각의 소유자이기는 쉽다.
그러나 약한 신념으로 평등이 잘 지켜지지 않는다.
반대로, 신념이 강한 자는 평등한 생각의 소유자이기 어렵다.
우리가 평등하기 어려운 이유이다.

자기 생각을 너무 강하게, 너무 확고하게 가져서는 안 된다.
아주 특별한 경우를 제외하고 평등에 해롭다.

우리는 타자의 생각을 수용해야 한다.
신념이 강하면 이것이 불가능하다.
이는 의외로 중요해서 대부분 학자나 철학자가 고리타분해 보이는 이유이다.
좀 더 심하게 이야기하면
우리의 생각은 고집스러운 신념으로 썩어 들어가, 악취가 나는 경우도 적지 않다.

자신의 신념을 이루려면 타자를 고려하지 못할 때가 있다. 그 신념이 타자를 위한 것이라면 우스운 이야기이다.

우리는 왜 평등하지 못한가

152. 완전한 평등은 가능한가

평등은 완전함에 의해서만 가능하다.
불완전한 평등은 병든 세포처럼 평등을 서서히 무너뜨릴 것이다.

그러나 완전한 평등을 위해서는 인간 수명이 너무 짧다.
있을 수 있는 착각이다.

완전한 평등을 위해 불완전한 평등을 유보하거나 포기하는 것은
탐욕스런 기득권자가 흔히 쓰는 술수에 걸려드는 것이다.
불완전하더라도 하루하루 평등을 향해 나아가야, 맑은 산기슭에 도달할 수 있다.
음침한 습지에서 먼 곳, 연녹색 산 그림자만을 바라보고 있는 자는
결국 그곳을 벗어나지 못한 채, 자신과 모두를 괴롭힐 것이다.

제대로 된 나침반만 있다면 내일도 늦다.
늦지 않으려면, 우선 지금 내 주위를 평등하게 만드는 것이 좋다.

[타자의 미래를 위해 평등을 유보한다.]라고 말하면서
쓸데없는 위선적 변명은 늘어놓지 않는 것이 좋다.
그것들이 세상을 망치고 있다.
완전한 평등은 바라지 않는다.

내일 잔칫상을 위해 오늘 굶을 수는 있다. 하지만 언제 있을지 모르는 잔칫상을 위해 계속 굶을 수는 없는 일이다.

우리는 왜 평등하지 못한가

153. 평등은 아름다운가, 평범한가

평등과 자유 같은, 진리의 계곡은 험난하고 아름답다.
대부분 시인과 철학자들도 그렇게 생각할 것이다.

그러나 자유와 달리, 평등은 무향, 무취에 평탄하고 평범한 언덕뿐이다.
평등에 대한 미화는 착각이다.

평등은 주변 아무것도 없이 걸어야 하는 사막과 같은 평원의 연속이다.
당장은 큰 계곡도, 위험도 없다.

평등을 향한 목표를 정하고, 꾸준히 걸으면 녹색 숲에 도달할 것이다.
그러나 평등을 하나하나, 우리들 삶 속 사람들에게 적용시키지 않는다면
우리는 목적지에 도달하기 전에 쓰러질 것이다.

평등은 공기와 같은 평범한 것이다.
공기가 그렇듯이, 제왕을 대할 때나 거리의 걸인을 대할 때나
추호의 변화도 있어서는 안 된다.

자유는 험난하다. 마음대로 되는 것이 아니다. 그러나 평등은 마음만 먹으면 누구나 당장 가능하다,

우리는 왜 평등하지 못한가

154. 평등 속에 숨다.

평등은 약자에게 숨을 장소와 쉴 곳을 준다.
평등의 울타리 속에서 자신의 약점과 슬픔을 감출 수 있기 때문이다.

그러나 평등의 울타리 속에는 약자만 있는 것이 아니다.
유쾌한 착각이다.

강자도 평범 속에 자주 숨는다.
약자들이 무슨 생각을 하는지 궁금하기 때문이다.
염탐이 끝나면 돌아간다.
이들은 역겨운 냄새가 나는, 눈치 보기 바쁜 [거짓 강재]이다.

진정한 강자도 평등에 숨는다.
약자들을 돕기 위해서이다.

약자도 강자와 동일한 자존감이 있다.
동정심에 의한 도움이나 위안은 원하지 않는다.
그들의 마음을 상하게 하지 않으며 도와주기 위해서,
평등은 중요하고 상쾌한 숲과 같다.
거짓 강자인지 진정한 강자인지는 냄새로 구분된다.

숨어든 자가 친구인지 적인지는 그들이 풍기는 냄새로 구분된다. 긴장하면, 보통 땀과 다른 냄새를 발하기 때문이다.

우리는 왜 평등하지 못한가

155. 평등은 이룰 수 없는 꿈인가

평등을 향한 열정은 지식과 생각의 증대와 함께 증가한다.
우리가 원하는 것은 진리이고, 평등은 그 주요 구성 인자이다.

그러나 몇몇 위대한 철학자를 제외하고, 실제 그런 예를 찾기란 쉽지 않다.
오래된 거짓이다.

평등의 시작은 누구에게나 쉽다.
하지만 자신이 강해질수록 평등은 이루기 어려운 덕목이다.

평등을 잃기 가장 위태로운 때는
우리 지식과 철학이 완성되어 가는 때이다.
자신이 뛰어나 보여, 그대로 평범하게 내버려 둘 수 없기 때문이다.

그들은 민중과 다른 자신을 찾는 데 열중이고, 그것에 집중한다.
타자는 이미, 자기 생각을 인정하고 따라와야 하는
어리숙한 관객 정도로 밖에는 생각하지 않는다.
그러나 관객은 조금 어리숙할지 모르지만,
더욱 우스꽝스러운 자는 그 앞에서 으스대는 자신임을 잊지 말일이다.

강자가 되려는 욕망, 권력에의 의지는 평등에의 의지와 계속 충돌한다. 평등이 이긴 적은 거의 없다.

우리는 왜 평등하지 못한가

156. 평등에 도달하는 방법은 무엇인가

우리가 평등하게 되는 방법은 중간선을 그어 놓고
높이 있는 자는 내려오고, 낮은 곳에 있는 자들은 올라가는 방법이다.

이 방법은 모두를 어느 정도 만족시킬 수 있을 것이다.
그러나 사실, 모두를 만족시키지 못하는 최악의 방법이기도 하다.
혼란스러운 착각이다.

평등의 방식은 모두를 만족시키게 하거나 모두가 불가능한 기준이 유용하다.
예를 들면 [늑대보다는 지능이 뛰어난 것]을 기준으로 하거나
[신보다 힘이 약한 것]을 기준으로 하는 것이다.
이 정도 기준이라면 모든 사람이 안심하고 평등할 것이다.
경쟁이나 투쟁을 통해 평등선에 이르는 것도 좋지 않고
자신의 노력 결과가 과소 평가되는 것도 좋지 않다.
어쨌든 평등의 방식은 마음 편히 [과도한 차이 없이 비슷함]을 느끼게 하는 것이 좋다.

평등을 위해서, 아주 뛰어난 자에 대한 약간의 대우와
부족한 자에게 상처 주지 않는 사려 깊은 배려가 필요하다.
전자는 전진에 도움이 되고, 후자는 [멈춤]에 도움이 된다.

많은 경우, 전진보다는 [멈춤]이 우리 삶에 더 유용하다.
그 이유는 이미 익히 아는 바와 같다.

평등에 도달하기 위해서는 평등과 함께 선함과 정의도 필요하다. 진리는 그렇게 간단하지 않다.

우리는 왜 평등하지 못하는가

157. 평등은 주어지는 것인가, 투쟁하는 것인가

우리 모두 평등한 대우를 받을 수 있는 자격이 있다.
그것은 신이 준 선물이며, 누구도 그것을 방해할 수 없다.

그러나 사람들은 신을 그렇게 두려워하지는 않는 것 같다.
아주 오래된 거짓이다.

신은 그런 선물을 준 적이 없다.
평등한 대우를 받을 수 없는 자는 힘을 합쳐 그것을 쟁취해야 한다.
인간의 역사는 평등을 실현하기 위한 역사이다.
이에 대하여 반론할 수 있는 자는 없을 것이다.
역사를 거스르는 자는 예외 없이 파멸해 왔고, 앞으로도 그럴 것이다.
조금의 두려움도 가질 필요 없다.

신은 모두에게 평등한 자격을 선물로 주지는 않았으나
평등할 자격을 가지기 위해 투쟁할 힘은 선물로 주었다.

신의 선물을 어두운 구석, 썩은 상자 속에 묵혀 둘 필요 없다.

우리는 현재 평등하지 않아도 미래에는 평등할 수 있다. 신의 선물이 투쟁의 역사를 반복시킨다.

우리는 왜 평등하지 못한가

158. 평등으로부터의 휴식은 가능한가

휴식이 일의 집중도를 높이듯,
의도된 아주 잠시의 생각 속 거짓 오만은 평등의 가치를 높여 줄 것이다.
이는 인간 일반이 어떤 상황에 놓일 수 있는지를 알려 주기 때문이다.

길을 이탈해 수렁에 빠지는 경험도 아주 쓸모없지는 않다.
우리의 길이 절실해지고 더욱 잘 보이기 때문이다.
그러나 비밀스러운 오류의 일종이다.

우리는 누구나 가끔은 오만해지고 싶어한다.
어쩔 수 없다면, 돌아올 준비를 하고 잠시 휴식을 한다는 생각이어야 한다.
그것은 어린아이가 부모가 정해 놓은 안전 지역의 경계에서,
한 발 더 디딜 때의 짜릿함과 같다.
이런 즐거운 일탈은 휴식 후, 평등에 대한 집중도를 높인다.
그러나 휴식도 버릇이 된다.

평등으로부터의 일탈은 가능한 피해야 한다.
마약과도 같은 오만함의 유혹이
오랫동안 애써 왔던 평등에의 여정을 파괴할 수도 있다.

우리는 곧 부끄러워질 것이다.
거만했던 자신에 대한 우스꽝스러움이 눈에 선하기 때문이다.
이는 평등의 길에 치명적일 수 있다.

오만해지는 것을 경계하기 위해 혼자서 아주 잠시 오만해져 본다. 그러다 실제로 오만해져 버리는 경우도 많다.

우리는 왜 평등하지 못한가

159. 평등에 동정이 필요한가

**평등을 위해서 자신보다 열위에 있는 사람들을 위한 동정이 필요하다.
그들의 어려움을 공감하고 개선하는 데 도움을 주기 때문이다.**

그러나 동정이 존재하는 한, 평등은 우리 주변에서 더욱 멀리 달아난다.
속기 쉬운 거짓말이다.

평등과 동정심은 적대 관계이다.
동정심은 자신의 우위를 전제로 하기 때문이다.
그러므로 평등을 실천하고자 하는 자들은 동정심 발현을 조심해야 한다.
동정심을 가지는 자들은 쉽게 증오심을 가진다.
자신의 우위가 열위로 바뀌었을 때
그리고 자신이 동정을 준 대로 받지 못하면, 즉시 상대를 증오하기 때문이다.
물론, 때로는 동정을 받아도 증오심을 가질 수 있다.

**그러므로 평등에 필요한 것은 동정심이 아니라 동질감이다.
동질감을 가진 자는 타자에의 증여를 상환이라고 생각한다.**

그러므로 자신이 어려움에 빠져 도움이 필요할 때
준 것을 받지 못해도 증오심이 생기지 않는다.
동정심을 가지고 도움을 주는 것은 그야말로 아무것도 아니다.
동질감을 바탕으로, 자신의 선행과 증여에 대하여
아무것도 바라지 않음이 평등의 시작이다.

동정심을 유발해 놓고 동정을 비난하는 경우도 있다. 신도 우리가 동정받기를 스스로 원하기 전에는 동정하지 않는다.

우리는 왜 평등하지 못한가

160. 우리는 평등을 존중하는가 경멸하는가

우리 대부분은 평등을 존중한다.
우리 세상은 평등 속에서 움직이고 있기 때문이다.

숲 속 계곡이 마음 편한 것은 평등의 진리를 그대로 보여주기 때문이다.
반면, 인간이 만든 것 대부분은 평등을 경멸하고 있다.
조금만 생각하면 알 수 있는 거짓말이다.

인간이 만들어 가고 있는 것은 불평등을 기원으로 한다.
그렇지 않은 척해도 소용없다.
우월한 자 앞에서의 비굴, 미약한 자 앞에서의 거만.
그렇지 않은 사람을 잘 볼 수 없다.
우리에 의해 평등은 모멸되고 있다.

평등을 모멸하면, 그 평등에 의해 추방당할 것이다.
평등을 경멸하면, 그 발굽에 뼈가 부서지는 아픔을 맛볼 것이다.

자신이 오랫동안 강자의 위치를 유지할 수 있을 것이라는
허황된 착각은 빨리 버리는 것이 좋다.
평등은 다른 어떤 진리보다 더 냉혹하다.

우리 모두 기회만 되면 평등에 등을 돌릴 준비가 되어 있다. 그것도 마치 복수심에 불타는 것처럼 그렇다.

우리는 왜 평등하지 못한가

IX장. 죽음에 대한 거짓말

진정한 강자는 우리를 감동하게 하는 자이다.
- 감성 노트, p30 -

우리는 왜 죽음을 극복하지 못하는가

.

암기하려면 철학은 공부하지 말라.
우스운 생각의 소유자가 될 뿐이다.
- 존재 [나]에 대하여, p130-

161. 죽음을 연극하다.

죽음은 우리 생에서 단 한 번이다.
그러나 그 한 번으로 죽음은 충분하다.

그런데 오늘 밤도 나는 죽음을 연습하고 있다.
한 번으로는 부족하다. 거짓이다.

우리는 아직 때도 되지 않았는데, 죽음을 연극하고 있다.
그런데 그 죽음의 연극은 사실 죽음과 다름없다.
연극 속에서 우리는 매일 죽고, 매일 다시 살아난다.
우리는 지금 죽고, 잠시 후 다시 살아난다.
아무 이유 없이 탄생 되었듯이, 아무 이유 없이 죽음은 시작된다.
그저 죽음의 연극일 뿐이다.

삶의 연극이 중단되면, 죽음의 연극이 다시 시작된다.
죽음은 매 순간 끝없이 찾아오고, 연극도 반복될 것이다.

물론, 마지막 연극은 조금 더 긴장될 것이다.
죽음마저 연극의 연속인데, 삶은 말할 것도 없다.

죽음을 자꾸 연극하다 보면, 실제도 연극처럼 할 수 있을지도 모른다.

우리는 왜 죽음을 극복하지 못하는가

162. 죽음은 언제 시작하는가

어느 날 아침, 갑자기 죽음은 찾아온다.
죽음은 우리가 선택하는 것이 아니다. 다른 대안이 없다.

그러나 대부분의 경우, 죽음까지의 구체 여정만큼은 우리의 선택이다.
다행스러운 오해이다.

삶과 죽음은 모두, 하루하루 그곳을 향해 가는 과정이다.
그곳은 삶뿐만 아니라, 죽음도 없는 곳이다.

죽음 속엔 죽음도 없다. 죽음은 삶을 전제로 한다.
죽음은 죽음을 생각하는 순간부터 시작한다.

그러므로 죽음이 시작되지 않도록
매일 아침 눈을 뜸과 함께 삶을 새롭게 다시 시작하는 것이 좋다.
지금, 삶을 선택할지 죽음을 선택할지는 우리 자신의 몫이다.
죽음이 눈에 보여도, 그 옆에서 미소 짓고 있는 삶을 향해 가면 된다.
죽음 직전까지 소년의 두근거리는 마음이 필요하다.
눈을 비비고 잘 보면, 생과 사는 서로 다른 것이 아니라
좌우 반생반사(半生半死) 두 얼굴의 야수, [차하마태]이다.
우리는 어차피, 죽음을 피할 수도, 생을 피할 수도 없이
그곳을 향해 한 걸음씩 걸어갈 뿐이다.

오늘 밤 자고 내일 아침 일어나는 것과 이생에서 자고 저생에서 깨어나는 것과 크게 다를 바 없다.

우리는 왜 죽음을 극복하지 못하는가

163. 죽음의 범위는 어디까지인가

우리 중 반쯤은 [죽음은 육체의 소멸]일 뿐이라고 생각한다.
그리고 나머지 반은 [죽음으로부터 독립적인 정신]을 확신한다.

모두, 확신에 차있는 듯하나, 그 선택은 인간의 영역이 아니다.
오류이다.

죽음은 육체의 파멸 상태이다.
정신의 파멸까지 동반되는가의 진위는 남겨둔다.
죽음의 의미가 육체와 정신 모두의 파멸 상태라면
우리는 절대 죽음에 대하여 알지 못한다.
좀 더 정확히 이야기하면, 알 필요도 없다.

죽음을 알지 못하게 한 것은 신의 최고 선택 중 하나이다.
그로써 세상은 이만큼 유지된다.

육체의 파멸 전에도 정신은 육체와 무관하다.
깊이 잠든 육체는 정신을 잃어버린다.
그러나 정신이 불사이든 육체와 함께 소멸하든
죽음은 정신의 [변화]를 반드시 포함한다.

죽음은 준비하는 것이지 아는 것이 아니다.

우리는 왜 죽음을 극복하지 못하는가

164. 죽음은 두려운 것인가

죽음은 누구에게나 무섭고 공포스러운 것이다.
그렇다고 시간 지연이 유일한 대안은 아니다.

그러나 적지 않은 경우, 죽음은 공포가 아닌, 완전한 평온 상태이다.
오래된 거짓이다.

죽음은 두려운 일인가.
숨을 쉬지 못함에 의한 답답한 고통,
우리가 가진 모든 것들에 대한 상실,
우리가 가진 사랑스러운 것들과의 단절,
충분히 두렵다.

하지만, 죽음의 호흡에 대한 준비와
우리가 가진 것들에 대한 완전한 단념은
죽음의 공포를 해소시킬지도 모른다.

지금 아무것도 준비하지 못한 우리는
어떤 것도 가능하지 못하지만
세상 누구나, 언제나, 불가능한 것은 아니기를 바란다.

죽음이 공포일지 평온일지는 그 연습의 강도와 기간에 달려 있다. 우리 생에서 꽤 중요한 일이다.

우리는 왜 죽음을 극복하지 못하는가

165. 죽음에 이르게 하는 것

죽음은 나와 무관한 외적 요인에 기인한다.
그 운명에서 벗어나려는 것보다는 천천히 조금씩 받아들이는 것이 현명하다.

그런데 죽음이 내게 다가오는지, 내가 죽음으로 다가가는지는 생각해 볼 일이다.
우리가 알고 있는 것이 거짓일지도 모른다.

죽음은 내가 결정하는 것이다.
앞뒤가 바뀐 채로, 세상이 가르치는 대로 하루하루 살다 보면
어느새 죽음이 눈앞으로 다가온다.

죽음이 나를 결정하는 것이 아니라,
내가 죽음을 결정할 수 있도록 차분히 준비하는 것이 좋다.

병 없음을 유지하고, 소박한 부를 준비하고, 아주 약간의 명예를 만들어 간다.
대부분 운명은 사실 내가 만든 것이다.
내가 만들지 못하는 것은 [천명]이라 하고 따로 불리어야 할 것이다.
철학 사전에 있는 운명 [인간 의지와 관계없이, 궁극적 결정에 의해 규제되는 초월적 힘] 이라는
비겁한 정의는, 게으른 겁쟁이들을 위한 변명 거리일 뿐이다.

죽음에 쫓기는 것보다는 먼저 죽음을 찾아가는 것이 덜 당황스럽다. 죽음의 시간이 달라지지는 않으니 걱정 없다.

우리는 왜 죽음을 극복하지 못하는가

166. 죽음을 피하기 위한 방황

죽음은 이곳저곳에서 기다리고 있는 사나운 맹수 같은 모습이다.
그것을 피하기 위해, 숨거나 방황하는 여정이 우리 인생이다.

그러나 우리 공간 대부분은 따뜻한 삶으로 가득하다.
가능한 한 빨리 피해야 하는 오류 중 하나이다.

죽음이 그렇게 두려운 것만은 아닐 수도 있다.
그는 부드러운 감촉으로 감싸는 따뜻한 봄바람과 같은 미풍일 수도 있다.

죽음을 피해 달아나거나 방황할 필요 없다.
죽음은 존재 속에 항상 위치하기 때문에 소용없다.

우리가 실존하는 곳이 죽음이 있는 곳이다.
그리고 죽음이 있는 곳이야말로 존재가 비로소 의미를 갖는다.
사라짐이 전제되어야 존재일 수 있다.
사라지지 않는 것은 존재가 아니라 관념일 뿐이다.
죽음에 다가섬으로써, 존재를 가까이서 직감할 수 있다.
가장 좋은 기회이다.
죽음 전까지가 아니라, 죽음까지가 우리의 삶이다.
오랫동안 죽음과 함께 하면, 삶도 꽤 오래갈 수도 있다.

죽음을 피해 봐야 또 다른 죽음이 눈앞이다. 죽음은 아무 것도 하지 못한다. 겁만 줄 뿐이다. 걱정할 것 없다.

우리는 왜 죽음을 극복하지 못하는가

167. 삶과 죽음의 경계는 어디에 있는가

죽음은 생각의 끝 영역에 그 경계가 있다.
삶은 생각의 영역이고, 죽음은 생각의 영역 밖이다.

그러나 생각의 거처가 육체가 아니라는 증거를 찾기 어렵듯이,
그 거처가 육체라는 증거도 쉽게 찾기 어렵다.
물론, 둘 중 하나는 거짓이다.

만일 생각의 거처를 세상에 남겨 놓는다면, 죽음 상태는 삶의 또 다른 [삶]이다.
만일 내가 지금 생각하는 있는 것들이 허공 속에서 존재하면서
나와 교감하고 있는 것이라면
죽음은 고통을 줄 뿐, 존재 [나]를 변화시키지는 못할 것이다.
걱정할 것 없다. 그렇지 않을 수도 있고 그럴 수도 있다.

죽음에 관해서는 진실도 그렇게 중요하지 않다.
죽음이 진실을 파괴하는데, 진실이 우리와 무슨 상관이 있겠는가.

죽음의 경계는 있을 수도, 없을 수도 있다. 그것이 나와 무슨 상관인가.
죽음은 어차피 아무것도 없다는 것과 시간과 무관하게 항상 있다는 것,
둘 중 하나의 선택인데, 후자를 진리라 믿어서 손해 볼 것 없다.
죽음의 경계는 원래부터 있는 것이 아니라, 내가 만드는 것이다.
큰 종소리는 귀로 들으면, 들리지 않는 경계가 있지만
눈으로 보면 다른 공간으로 그 소리를 변환시키며 영원히 울려 퍼진다.
더 이상, 귀로 듣는 소리가 아닐 뿐이다.

우리가 자신을 떠올리지 못하면 죽음이다. [죽음의 연습]은 [자신을 떠올리지 않는 연습]이다.

우리는 왜 죽음을 극복하지 못하는가

168. 죽음이 부를 때 무엇을 해야 하는가

죽음이 부르면 응할 수밖에 없다.
하지만 어느 정도 준비할 시간을 가질 수는 있다.

죽음은 항상 우리를 전부 잡아끌지는 않는다.
나머지 반을 잡아끄는 것은 두려움이다.
죽음에 순응해야 한다는 것은 오류이다.

죽음이 우리를 부를 때, 우선은 반만 응하면 된다.
삶은 기억이다. 기억을 기억하면 삶이고 그렇지 못하면 죽음이다.
육체를 내어주더라도 기억을 가지고 저 멀리 달려가면
죽음이 쫓아올 수 없을지도 모른다.
죽음의 부름에 그렇게 쉽게 응할 필요 없다.

죽음이 부를 때, 죽음으로부터 떳떳하게 맞설 수 있는
뚜렷한 기억을 가지도록 생을 만들어 가는 것이 좋다.

어떻게 보면 타자를 위한 삶이 기억하기 쉬운 방법이다.
기억이 옮겨 갈 곳을 제공하기 때문이다.
타자를 위한 삶이 클수록 죽음은 편안해지고
자신을 위한 삶일수록 죽음은 참담함으로 다가온다.
기억이 머물 곳이 모두 사라지기 때문이다.

우리, 죽을 때 무엇을 기억하겠는가. 나이만큼의 장면은 기억하겠는가.

우리는 왜 죽음을 극복하지 못하는가

169. 죽음의 실체는 무엇인가

죽음은 잔인한 것으로 생각하지 않을 수 없다.
죽음 직전의 고통은 누구라도 그렇게 생각하도록 한다.

반대이다. 생의 극한 고통을 멈추어 주는 것이 오히려 죽음이다.
죽음의 잔인성은 오해이다.

우리가 두려워해야 할 것은 죽음이 아니라, 삶의 강렬한 고통과 비참함이다.
죽음이 찾아와, 그만이 가능한 방법으로 우리를 구원해 준다.
그 고통은 대부분 피할 수 있는 것들이었다.
우리가 두려워해야 하는 것은 죽음에 이르게 하는 병이다.
오래 병들지 않으면 죽음도 그리 두려울 것 없다.
병 중이라면 회복을 위해 냉철히, 차분히 치료 과정을 인내, 극복해야 한다.

죽음은 두려운 악마가 아니라, 우리를 구원하는 천사이다.
죽음이 있으니, 우리 너무 두려워할 것 없다.

현명히 그리고 철저히
죽음에 이르게 하는 고통스러운 병과 비참함으로부터
자신을 지키는 방법을 스스로 찾아낼 일이다.

우리 세상에 필요 없는 것은 없다. 죽음도 분명 그럴 것이다. 그래도 어수선한 삶을 몇 마디로 마무리해 준다.

우리는 왜 죽음을 극복하지 못하는가

170. 죽음을 위한 연습이 필요한가

죽음은 육체와 정신이 사라지는 갑작스러운 순간이다.
이것이 항상 불안하게 한다. 신이 필요한 이유이다.

그러나 두려워하지만 않는다면,
죽음은 의외로 천천히 다가와서, 생각보다 많은 것을 준비할 수 있다.
죽음이 삶과 갑작스러운 경계를 이룬다는 것은 거짓말이다.

죽음을 두려워하기 시작하면 이미 죽음 상태이다.
평정심을 잃지 않는 것이 좋다.
우리 불안의 기원은 대부분 죽음이다.
죽음의 그림자가 드리우기 시작하면 하루하루 죽음에 다가설 뿐이다.
죽음의 상태는 죽음을 두려워하는 상태이다.

죽음의 순간까지 평정심을 잃지 않도록, 연습이 필요하다.
이는 죽음마저도 평정할 것이다.
평정심을 잃지 않으려면, 결국 삶에 집중해야 한다.

뚜렷한 목표와 이를 향한 끊임없는 걸음이 이를 가능하게 하는 실제적 연습이다.
죽는 날까지, 죽음의 순간 바로 직전까지 삶에만 집중하면 된다.
밭을 일구다, 밥을 짓다, 글을 쓰다, 그렇게 죽음을 맞도록 준비한다.
죽음이 삶에 파고들지 못하도록.

삶 같은 죽음을 맞을지, 죽음 같은 삶을 살지는 마음 한번 먹기에 달렸다. 어차피 죽는데 마지막 용기를 낼 만하다.

우리는 왜 죽음을 극복하지 못하는가

171. 죽음의 위력 앞에 무엇을 할 수 있는가

죽음은 모든 것을 무력하게 그리고 무가치하게 만든다.
죽음 앞에 서면, 그 위력으로 우리는 아무것도 할 수 없다.

그러나 죽음은 우리에게 실제로 아무것도 해하지 않았고, 그럴 생각도 없다.
그도 빈틈은 있다. 오인이다.

죽음이 두려워 정신없이 도망치다 다치기도 하지만
마치 어둠 속 죽은 나무와 같이 그는 아무것도 하지 않는다.

두려움으로 오인하여 도망치는 모습은, 옆에서 보면 우스운 착각이다.
죽음은 우리에게 아무것도 하지 않는다.

만일 죽음의 두려움이 기억의 단절이라면,
그리고 사랑하는 사람으로부터 받는 즐거움의 단절이라면,
오히려 우리가 해야 할 것은 죽음의 순간까지
조금이라도 더, 즐거운 기억을 많이 만들고
그것을 죽음과 함께 가지고 가는 것이다.

뚜렷하고 강렬한 목표는 삶의 근처에 죽음이 맴돌지 못하게 할 것이다.

우리는 왜 죽음을 극복하지 못하는가

172. 우리는 죽음을 고귀하게 맞을 수 있는가

죽음은 당당한 거인처럼 우리 앞에 서 있다.
그는 두렵고 경외롭고 또 고귀하다.

그러나 우리는 실제 죽음 앞에서 초췌함을 벗어날 수 없다.
죽음의 미화는 위선이다.

죽음은 삶을 지내 온 찌꺼기일 뿐이다.
하루하루 삶의 작은 잔재들이 모여 만들어 낸 초라한 더미이다.
고귀하지도 않고 두려운 것도 아니며, 단지 삶의 흔적들의 색 바랜 결과물이다.

죽음을 너무 크게 생각할 것 없다.
살다 남은 또 다른 삶의 모습일 뿐이다.

하지만 그 초라함 속에 경외감이나 두려움이 아닌
천진스런 아이의 웃음 같은 또 다른 희망이 존재한다.
삶이 반드시 죽음으로 끝나듯이, 죽음으로 흩어진 것들은
어느 날 운명적 우연으로 그 모습을 달리할 것이기 때문이다.
죽음으로 흩어진 육체 속, 양분과 따뜻함은 다른 생명에 흡수되어
어느 따뜻한 봄날, 새로운 탄생의 기원으로 작용할 것은 틀림없는 사실이다.

죽음은 탄생과 매우 유사하다. 조금은 가슴 뛸 수도 있다.

우리는 왜 죽음을 극복하지 못하는가

173. 죽음의 공포는 극복 가능한가

죽음 앞에서 두려움은 극복 불가능하다.
그렇다고 극복을 위한 노력까지 포기할 수는 없다.

항상 그런 것은 아니다.
죽음이 아무렇지도 않은 경우도 적지 않다.
불가능은 오류일지도 모른다.

죽음의 두려움을 극복하려면 죽음에 맞서는 것이 아니라
죽음을 차분히 받아들일 수밖에, 다른 방법은 없다.

삶이 걱정뿐인데 죽음까지 그럴 것 없다.
죽음을 받아들이려면, 삶이 주는 허상들에 대한 소유물을 포기하면 된다.

사랑도 우정도 즐거움도 슬픔도 희망도 포기한다.
아무것도 소유하려 하지 않으면, 죽음은 우리를 압박하지 않는다.
물론 이는 대부분 죽음이 임박해서야 가능한 일이다.
죽음이 우리를 협박하는 모든 것을 먼저 버리면
죽음의 창은 허공만 찌를 것이다.
죽음의 창이 무력해지면 드디어
삶은 어린아이 때와 같이, 다시 즐거워진다.

죽음을 차분히 받아들이면 죽음도 차분히 찾아온다.

우리는 왜 죽음을 극복하지 못하는가

174. 죽음에 어떤 비밀이 있는가

우리는 죽음의 실체에 대하여 알 수 없다.
죽음이 생각을 파괴한다면, 이는 어쩔 수 없다.

그러나 생각이 죽음과 함께 사라진다는 것 또한 아무도 증명한 바 없다.
거짓말일 가능성도 충분하다.

우리 생각이 죽음에 의해, 육체를 떠나 작은 공간을 차지하고
그 작은 공간이 우연성의 법칙으로 다시 물화(物化) 된다면
죽음은 그렇게 치명적이지 않을 수 있다.
기회를 보아 다시 삶을 창조할 수 있기 때문이다.
우리 선악은 죽음에 다가서는 것조차 허락하지 않는다.
우리의 선악 기준은 너무 인간 중심적이다. 그렇게 훌륭한 판단 기준은 아니다.
아직 죽음의 비밀에 대해 말할 수 없으나
한 가지 분명한 것은 그렇게 비밀스러운 것은 아니라는 것이다.

죽음은 아무것도 아니도록, 아무것도 가지지 않도록,
그리고 아무것도 슬프지 않도록 하는 것이다.

이것뿐이다. 죽음은 아무것도 감추는 것이 없는데, 억울한 누명을 쓰고 있다.
우리는 모르는 척하고, 이기적 선악 기준으로 쓸모없는 욕심만 채우고 있을 뿐이다.
우리 모두 다 알고 있다. 모르는 척, 눈을 돌릴 뿐.

계곡 속 물이 그냥 물이듯이, 죽음도 그렇게 비밀스럽지 않다.

우리는 왜 죽음을 극복하지 못하는가

175. 죽음과 이성은 서로 모순인가

**죽음은 뚫을 수 없는 방패로 자신을 감추지만
우리 이성은 그것을 관통한다.**

그러나 어차피 서로의 말에는 귀 기울이지 않는다.
물론 둘 중 하나는 거짓이다.

죽음을 알려면 죽음에 다가서야 하고, 죽음에 다가서면 앎은 파괴된다.
앎은 죽음의 경계를 넘어야 하고 죽음은 견고하다.
우리의 인식도 꽤 날카로워, 앎이 시야에 들어오지만, 말도 침묵도 적절하지 않다.

**말은 죽음의 벽을 뚫지 못하고
침묵은 오해를 불러일으킨다.**

죽음의 모순은 풀 수 없다. 그러나 예외가 있다.
죽음의 소리, 죽음의 향기, 죽음의 감촉은
자유로운 공기를 통해 우리에게 전해지기 때문이다.
창으로 뚫으려 하면 그 방패는 뚫기 어렵지만, 죽음을 느끼려 하면
그는 자신의 방패가 소용없음을 알고, 스스로 방패를 내려놓았다.
조용히 소나무 향기와 새소리를 듣는다면, 죽음은 더 이상 몸을 숨기지 않는다.
죽음은 친근하고 다정한 친구처럼, 곁에서 우리를 지켜 보고 있다.
죽음은 이성이 아니라, 감성 영역이다.

싸우려 하기 때문에 창과 방패가 필요하다. 삶과 죽음도 그러하다. 죽음과 어깨동무 못 할 바 없다.

우리는 왜 죽음을 극복하지 못하는가

176. 죽음은 가치를 가지는가

죽음은 우리 삶을 좀 더 가치 있게 만들어 줄 수도 있다.
우리의 삶을 포장하고 완전하게 해 주기 때문이다.

그러나 이것은 살아 있는 사람들을 위한 위안의 도구일 뿐이었다.
죽음을 맞는 자 입장에서는 쓸모없는 거짓이다.

죽음의 순간은 삶에 대한 체념의 순간이다.
숨을 쉬지 못하고, 숨을 쉬어야 한다는 것조차 망각하면 죽음에 다다른다.
이때, 지금까지 자신의 삶 속에서 유지해 온 모든 이유가 무의미해지고
삶 속에서 이룬 것들에 대한 가치가 무너져 내린다.
타자는 아무 의미도 없고, 때로는 모든 의미를 가지기도 할 것이다.
죽음의 순간, 많은 것을 깨닫게 될 것이란 기대는 하지 않는 것이 좋다.
죽음은 무력하게 삶을 마감하는 순간일 뿐이다.
숨 쉬고, 살아 있는 동안 자신의 가치를 계속 높여 가면 된다.
죽음 직전까지이다. 나이와 연륜도 변명이 안 된다.

투사가 자신의 종족을 위해 목숨을 던지는 마음으로
삶에 모든 것을 던지고, 장렬히 죽음을 맞이하면 된다.

가치 있는 것은 투사의 삶이지, 죽음이 아니다.
죽음은 죽음일 뿐이다. 아무것도 아니다.

죽음은 삶을 망가뜨리는 것이 아니라, 삶을 시간 내 완성토록 하는 것이다.

우리는 왜 죽음을 극복하지 못하는가

177. 죽음으로 잃는 것과 얻는 것은 무엇인가

죽음으로서 모든 것을 잃는다. 모두, 익히 알고 있는 바이다.
그래도 하나 정도는 얻는 것이 있을 것이다.

그러나 실제 대부분 것을 잃는 것은 죽음 전, 삶 속에서이다.
죽음에게는 약간 억울한 거짓이다.

득실을 따지는 것은 삶에 국한한다.
죽음은 득실의 피안이다.

죽음을 허무하게 생각할 것 없다.
뜨거운 일상, 생의 한가운데에서,
죽음으로 아무것도 잃지 않도록 마무리하면 된다.

삶에서 얻은 것을 모두 버리고 또 나누어 주고,
가벼운 몸으로 죽음의 배에 승선하면 된다.
굳이 득실을 따지자면, 실이라면 뱃삯 정도일 것이고,
득이라면 모두 같아져서 더는 불평등에 마음고생 필요 없다는 것이다.

내일 지구가 소행성과 충돌한다면 최소한 득실을 따지지는 않을 것이다.

우리는 왜 죽음을 극복하지 못하는가

178. 죽음의 비밀에 설레이는가

**죽음의 비밀은 고통과 사후 세계이다.
이는 삶을 변화시킬 정도로 강력하다.**

그러나 고통은 생이 견딜 만큼만 받을 것이며
사후 세계는 삶과 무관하다.
쓸데없는 두려움 또는 오류이다.

사후 세계는 우리의 또 다른 숨겨진 삶이다.
호기심과 가슴 뜀을 가지고 기대해도 된다.
아이들이 크리스마스이브 날 받던 선물 꾸러미를 푸는 듯한 설렘으로
죽음을 기대하는 것이 유익하다.

**그 선물이 원하던 것인지 아닌지는 별로 중요하지 않다.
선물의 가치는 설렘으로 충분하다.**

인간의 힘으로 그것을 알 수 없도록 한 것은 사려 깊은 신의 배려이다.
죽음은 설렘이다.

죽음의 순간, 고통도 죽음에 파묻힌다. 아쉬움이 크겠지만, 설렘도 우리에게 있다.

우리는 왜 죽음을 극복하지 못하는가

179. 죽음이 변화시키는 것은 무엇인가

죽음은 모든 것을 변화시킨다.
소유할 수도, 즐거워할 수도 없다. 그래도 희망할 수는 있다.

그러나 조금만 떨어져 지켜보면, 눈을 의심할 정도로 변한 것이 없다.
우리가 염려하는 것은 오류이다.

집 앞 느티나무는 태양 아래서나 어둠 속에서나 아무것도 변한 것이 없다.
다른 것은 우리 감각 탓이다.

**나를 중심으로 하는 죽음은 세상이 무너지는 변화이지만,
타자 중심의 세상은 그것을 변화로 생각하지 않는다.**

오히려 우리 죽음은 그들에게 이로움을 줄지도 모른다.
사람들이 자신과 관계없는 자의 죽음을 슬퍼할 이유도 없다.
내게 중요한 것은 내 죽음보다 타자의 죽음이다.
어차피 내 죽음은 나와 상관없으니
사랑하는 자의 삶이 편안하도록
내 죽음을 준비하고, 그들을 배려하는 편이 유익하다.

우리가 죽어도 아무 것도 달라지는 것이 없다는 것은 우리를 절망케 한다. 그러나 그 반대일 수도 있다.

우리는 왜 죽음을 극복하지 못하는가

180. 죽음은 어떻게 시작되는가

강물이 폭포에서 떨어지듯, 죽음이 그렇게 찾아오기를 우리 모두 바란다.
이는 육체의 손상과 마음의 병을 일으키고, 결국 죽음에 이르게 할 것이다.

그러나 죽음은 탄생과 함께, 시간 비율에 맞추어 자신을 늘려간다.
갑작스러운 죽음의 등장은 거짓이다.

아무리 젊은 시절일지라도, 이미 반 정도는 죽음 상태이다.
우리가 할 수 있는 것은 죽음으로 가득 차기까지의 시간을 조금 늘리는 것뿐이다.

삶의 그릇이 커질수록, 죽음으로 채워지는 시간이 증가한다.
죽음이 차는 것을 두려워하지 말고, 그릇을 키워 가는 것이 현명하다.

걱정은 삶의 그릇을 줄이고, 용기는 삶의 그릇을 키운다.
죽음의 기원은 삶이다. 삶의 기원은 죽음이다.
의심의 여지도 있지만, 그것은 우리와 별로 상관없다.
설사 아니어도 우리 삶은 그것 자체로 충분하다.
우리, 슬플 때도 많았지만, 그래도 조금 즐겁지 않았는가.

죽음은 천천히 시작한다. 대비할 시간이 충분하니 조금 안심이다.

우리는 왜 죽음을 극복하지 못하는가

후기, 세상은 초록빛으로 밝고 경쾌한가?

거짓말 속에서 더는 삶이 어지럽지 않기를 바란다. 모두 자신만의 진실을 가지기를 또한 바란다. 시간이 많지는 않지만 그래도 할 수 있는 것도 적지 않다. 거짓말 때문에 가 보지 못한 두려움 속 숨겨진 대지에 발을 디딜 수 있기를 바란다. 일단 그곳에는 방해꾼들이 거의 없다.

거짓말은 더욱 커지고 비밀스럽고 조직적으로 확대되고 있다. 옛 저항 조직처럼, 거짓말을 밝히고 파괴하기 위한 사유와 철학이 필요하다. 우리 모두, 소박하고 부지런히 살기를 원할 뿐이다. 우리를 화려하고 편안히 살도록 유도하는 욕심과 쾌락에 물든 자본주의 오래된 거짓을 깨뜨리려 한다.

의도된 바와 같이, 이제 누가 누구를 비난할 수 없을 정도로 모두 진흙에 빠져 있다. 용기를 내어 그 속을 나와, 비에 몸을 씻고, 진흙 속 욕망을 되돌아보지 말고, 처음 시작한 목표대로 초록빛 밝고 경쾌한 세상 속으로, 서두르지 않고, 맑은 공기를 느끼면서, 천천히 걷기를 바란다. 우리로부터 세상이 조금은 변화할 것을 기대한다.

오래된 거짓말

오래된 거짓말

I장. 사랑에 대한 거짓말

1. 사랑의 가치는 무엇인가 2. 사랑은 열정적이어야 하는가 3. 사랑의 묘약은 어디에 있는가 4. 사랑은 진리를 달성하게 하는가 5. 비밀은 사랑을 깨뜨리는가 6. 사랑은 공유하는 것인가 7. 사랑은 오랫동안 지속될 수 있는가 8. 사랑의 기술은 무엇인가 9. 사랑은 조건이 필요 없는가 10. 사랑은 아름다워야 하는가 11. 사랑은 주는 것인가 12. 사랑은 어떤 향기가 나는가 13. 사랑은 시간과 함께 쇠퇴하는가 14. 사랑을 위한 주의사항은 무엇인가 15. 사랑은 그렇게 즐거운 것인가 16. 사랑의 제 1 규칙은 무엇인가 17. 사랑은 징표를 남기는가 18. 사랑은 편안한 것인가 19. 사랑은 희생을 전제로 하는가 20. 사랑은 감성인가 이성인가

II장. 자유에 대한 거짓말

21. 우리는 진정으로 자유로울 수 있는가 22. 자유는 투쟁하여 얻을 수 있는 것인가 23. 자유를 위해 필요한 것은 무엇인가 24. 우리는 자유에 도달할 수 있는가 25. 자유로워 지려고 하는 이유는 무엇인가 26. 자유란 무엇인가 27. 자유를 위한 희생양은 누구인가 28. 우리는 자유롭고 또 편안한가 29. 자유는 어디까지 해줄 수 있는가 30. 우리는 언제 자유로운가 31. 자유로울 수 있는 조건은 무엇인가 32. 자유로운 시기는 언제인가 33. 우리는 자유에 대하여 무엇을 배우는가 34. 우리는 항상 자유로울 수 있는가 35. 이제, 자유의 억압 시대는 지나갔는가 36. 자유는 무엇을 주는가 37. 자유에 도달하는 비밀의 문은 있는가 38. 우리는 자유를 누릴만한가 39. 자유, 우리가 부끄러워해야 할 것은 무엇인가 40. 우리, 정말 자유를 원하는가

III장. 정의, 도덕에 대한 거짓말

41. 정의는 누구를 위해 존재하는가 42. 정의는 무엇을 할 수 있는가 43. 우리는 정말로 정의롭게 될 수 있는가 44. 정의란 무엇인가 45. 정의는 항상 우리 편인가 46. 정의는 악인가 선인가 47. 정의와 법 중 어느 것이 우선인가 48. 정의는 아직 살아 있는가 49. 정의는 변형될 수 있는가 50. 누가 게으른 정의를 깨우겠는가 51. 도덕이 우리에게 도움이 되는가 52. 우리는 도덕적인가, 어리석은가 53. 우리는 도덕을 지켜야 하는가 54. 우리는 도덕적으로 성숙한가 55. 힘 있는 자들은 왜 도덕적이지 않은가 56. 도덕은 어떻게 탄생되는가 57. 우리는 누구에게 도덕을 배우는가 58. 우리에게 도덕을 가르칠 수 있는 자가 있는가 59. 우리 교육은 도덕을 가르치고 있는가 60. 도덕 교육은 언제가 좋은가

IV장. 국가, 권력, 부, 명예에 대한 거짓말

61. 국가는 나를 보호하는가 62. 우리는 국가를 믿을 수 있는가 63. 우리는 국가를 위해 희생해야 하는가 64. 국가는 이대로 참을 만한가 65. 국가는 배반하지 않는가 66. 국가는 우리의 평등을 지켜줄 것인가 67. 국가를 이용할 것인가, 변화시킬 것인가 68. 권력은 왜 초라한가 69. 권력은 우리에게 무엇을 주는가 - 1 70. 권력은 우리에게 무엇을 주는가 - 2 71. 권력자는 뛰어난 자인가, 사기꾼인가 72. 우리는 조금 다른 권력자가 될 수 있는가 73. 우리는 권력 상태에 도달할 수 있는가 74. 부는 어디까지 윤리적인가 75. 부의 소유권은 누가 가지는가 76. 부와 빈곤의 적절한 차이는 어느 정도인가 77. 부는 선인가 악인가 78. 우리가 추구하는 것은 명예를 위한 명예는 아닌가 79. 명예에는 어떤 업적이 필요한가 80. 명예를 위해 사는가, 명예롭게 사는가

V장. 신에 대한 거짓말 (1)

81. 신은 우리에게 꼭 필요한가 82. 신은 우리에게 무엇을 주는가 83. 신은 자비로울 필요가 있는가 84. 신에게 모든 것을 맡기면 되는가 85. 신은 평등을 원하는가 86. 신은 항상 우리를 돌보고 있는가 87. 신이 원하는 것은 무엇인가 88. 신은 이미 죽었는가 89. 신은 정말로 공평한가

존재 [나]에 대하여 자유와 탄생 篇

즐거운 여름밤 서늘한 바람이 알려주는 것들 [나]에 대하여, 행동과 의지 篇

감성 노트, 감성과 그 삶의 해석

I장. 삶의 감성적 분석

II장. 여름에서 가을까지

오래된 거짓말

진리까지 찾으려 하지 않겠다.
거짓 없는 세상이라면, 우리 모두 소박하게 행복할 수 있다.

오래된 거짓말

개정판 ‖ 2019년 8월 15일

지은이 ‖ 김주호

펴낸이 ‖ 이현준

펴낸곳 ‖ 자유정신사

등록   ‖ 제251-2012-40호

주소   ‖ 경기도 성남시 판교역로 145

전화   ‖ 031-704-1006

팩스   ‖ 031-935-0520

이메일 ‖ bookfs@naver.com

ISBN 978-89-98392-23-9 (03100)

이 도서의 국립중앙도서관 출판예정도서목록(CIP)은 서지정보유통지원시스템 홈페이지(http://seoji.nl.go.kr)와 국가자료종합목록 구축시스템(http://kolis-net.nl.go.kr)에서 이용하실 수 있습니다. (CIP제어번호: CIP2019030379)